CB120692

REDESCOBRINDO O Prazer de Viver

novas propostas para sua vida
na virada do milênio

Regina Maria Azevedo

Redescobrindo o Prazer de Viver

novas propostas para sua vida
na virada do milênio

Outras Palavras

Fotocomposição e projeto gráfico: Outras Palavras
Capa: Alexandre Rampazzo, Estúdio Alemdalenda
Foto da autora: Dino Benazzi

Outras Palavras Produções Editoriais e Comércio Ltda.
Rua Santo Egídio, 709, cj. 141
Telefax: (0xx11) 6959-4823
e-mail: reginama@uol.com.br
02461-011 São Paulo SP

Índice

Redescobrindo... 7

Parte 1

VOCÊ - Fazendo a Coisa Certa

MUDANÇA - Mudar é Preciso 11
ENERGIA - Corpo em Harmonia 21
TEMPO - Um Tempo para Mim 31
BONDADE - Sabedoria e Compaixão 41
FANTASIA - Rasgando a Fantasia 51
VÍCIO - Fugindo de Si Mesmo 63

Parte 2

FAMÍLIA - Parente também é Gente...

NOSSOS PAIS - Em Nome do Pai 75
NOSSOS FILHOS - Infância sem Rumo 87
CUMPLICIDADE - Nascidos Um para o Outro 99
CONFLITOS - Chantagem Emocional 109
NOSSOS BICHOS - Presentes da Natureza 121
PRIVACIDADE - Invasão de Privacidade 131

Parte 3

TRABALHO - Faça o que gosta. Goste do que faz.

OBJETIVOS - Criando seu Futuro 145
PROSPERIDADE - Dinheiro Traz Felicidade 157
DESAFIOS - Vitórias e Derrotas 169
CRISE - Arriscando para Crescer 179
CAPRICHO - O Prazer de Fazer Bem Feito 191
ORGANIZAÇÃO - Abaixo a Desordem 203

Parte 4

CIDADANIA - Construindo o Novo Milênio

HONESTIDADE - Opção pelo Bem 215
ECOLOGIA - O Lixo Nosso de Cada Dia 225
ÉTICA - Autopromoção sem Limites 235
JUSTIÇA - Pelos Caminhos da Lei 245
TRANSGÊNICOS - Mistura Fina 255
GLOBALIZAÇÃO - O Mundo sem Fronteiras 265
Referências Bibliográficas 277

Redescobrindo...

Pois é, chegamos ao ano 2.000! O conclamado Novo Milênio se inicia somente no primeiro minuto de 2001, mas é justo que comemoremos desde já. Diante de tantas contradições e desequilíbrios causados pelo bicho-homem, cada novo dia representa uma vitória.

Eis que a hecatombe do final dos tempos não se consumou, oferecendo-nos a oportunidade de seguir em frente e refletir sobre o que o futuro nos reserva. Que Planeta construiremos e o que destruimos até agora? Estaremos amadurecidos o suficiente para cuidar de nós mesmos, do próximo e dos recursos que a Mãe Natureza nos oferece?

Cada dia nos acena com a possibilidade de um milagre. É o milagre da vida, da criação, da verdadeira compreensão da realidade, a capacidade de mudar tudo à nossa volta, de fazer diferente, dando um sentido positivo à nossa existência. Para isso, é necessário saber quem somos, de onde viemos e como podemos contribuir de maneira produtiva e responsável para viver bem e ser feliz nesse macrocosmo a que chamamos Mundo, respeitando tudo o que vive, a começar por nós mesmos.

Este trabalho reúne textos escritos entre maio de 1995 e setembro de 1999, apresentados em quatro partes: Você, Família, Trabalho e Cidadania. Em cada item, convido você, leitor, a refletir sobre os feitos da humanidade e o muito que ainda há por se fazer. Espero sinceramente que você aprecie e decida-se por novas, produtivas e prazerosas atitudes, participando corajosamente da história de sua vida, não sendo mero coadjuvante.

Façamos história. Que cada um possa preencher sua página com atos de sabedoria, amor e compaixão. Um fascinante caminho se descortina à nossa frente; depende exclusivamente de nós determinar a sua direção e a distância que percorreremos.

Amorosamente,

Regina Maria Azevedo

Primavera de 1999

VOCÊ

Fazendo a Coisa Certa

Para Dino:
Porque você faz a diferença...

Mudar é Preciso

Perdi a conta das vezes em que repeti o mecânico gesto de voltar o braço da vitrola à mesma faixa. O disco de vinil repete a toada com emoção inalterada. O poeta-protesto é da década de 70, quando eu era ainda adolescente; mas, já naquela época, pressentia que, um dia, faria minhas as suas verdades. Ele fala, em metáforas, sobre mudanças contra a pseudo-revolução militar de meados dos anos 60; eu penso na minha revolução interior, que busca agora seu espaço para mudar tudo à minha volta.

O sonho acabou. Restaram gavetas vazias, espaços na estante, pregos perdidos, emoldurados apenas pelas marcas que o tempo deixou. Falta uma cadeira ali, o rack da TV serve de suporte para as revistas que se acumulam numa pilha enorme. O que preenche os espaços é só a dor. Folheio o jornal, procuro avidamente os classificados de imóveis, preciso mudar. Novos ares, novas paredes, nenhuma lembrança. Vida nova, um sonho de fênix, o renascer das cinzas.

Tudo começa com o ato decidido de selecionar anúncios, recortá-los e fazer contatos. A mudança advém, literalmente, da ponta de um lápis. Na segunda-feira, saio animada em companhia do falante corretor; cada apartamento me acena com a promessa de uma vida melhor. Mas, em cada um deles, há sempre um detalhe que me leva ao ponto de origem: "os azulejos têm estampas berrantes"; "a suíte é pequena demais, mal cabe a cama"; "uma vaga só na garagem... não é bom negócio"; "é muito apertado o quarto do futuro bebê..." Volto cansada e indecisa, agradeço ao corretor, preciso pensar.

Reflito sobre os defeitos que apontei e percebo que não são minhas essas palavras. Sempre adorei azulejos floridos, tenho um carro só, pra que duas vagas? O bebê ficou só no projeto, um segundo quarto presta-se agora apenas para escritório, quem sabe uma sala de som; mas ecoam em mim as frases perdidas de tempos atrás. Às vezes queremos enterrar as lembranças, mas é sábio entender que o passado não passa...

Quando nossos castelos de areia se desfazem, costumamos olhar com pesar para os escombros; entristece-nos não dispormos mais da antiga forma; nem reparamos que nos é oferecida matéria-prima para que possamos edificar construções maiores, mais modernas e adequadas às nossas necessidades atuais. Sempre nutri a maior antipatia por aqueles que insistem em dizer que o copo está "meio vazio" em vez de "meio cheio". Mas me vi exatamente assim, com pesar e rancor diante da oportunidade que a vida me oferecia. O casamento desfeito parecia um preço alto demais a pagar.

Afinal, o que foi feito do "felizes para sempre?" Por que os príncipes não adivinham nossos anseios mais secretos e não se ocupam de nos proporcionar a realização de nossos sonhos, como nos contos de fadas? Não falo aqui como ex-donzela sonhadora ou romântica, mas como militante junguiana, já que o sábio psiquiatra suíço postulou que muitos de nossos arquétipos advêm dessas histórias clássicas de nossa infância. Ter de conviver com modelos irrealizáveis pareceu-me uma grande injustiça.

Mais tarde, refletindo, percebi que os castelos nem sempre são belos, a perfeição interna pode ocultar a miséria do mundo exterior, a exemplo da majestosa vida de Sidarta Gautama, o príncipe-herdeiro que abdicou de toda sua riqueza para se tornar o Buda. Viver a vida real sem ilusões, deixar os sonhos restritos à esfera do inconsciente, eis o grande desafio.

Algo inconformada, adio a mudança "pra depois". "Depois de quê?" perguntam alguns. O bom de ser inquerida é que toda questão pressupõe uma resposta... Da reflexão é que emergem os primeiros sinais de transformação. E fico martelando: "Depois de quê?".

Encaro o espelho, preciso mudar. Talvez um corte radical, tingir os cabelos num tom castanho-chocolate, como aquela amiga muito querida... Perder uns quilinhos seria ideal, quem sabe malhar numa academia. Boa oportunidade pra conhecer gente interessante...

Visualizo a situação: depois de enfrentar a correria no trânsito caótico, vestir uma fantasia de cocota e ouvir palminhas compassadas do instrutor gostosão ao som alucinante de um rock-axé. Pular até fazer a alma transpirar, apertada na malha de cores berrantes. Caio na gargalhada, definitivamente não faz meu estilo; nunca esteve nos meus planos ser a eterna garota de Ipanema... Montes de músculos bem torneados emoldurados por cabelos bem tratados e um sorrisinho mecânico no rosto não compõem o que eu possa chamar de gente interessante... Retomado o bom humor habitual, tento remanejar as idéias reassumindo e respeitando minha maneira de ser.

Relembro a expressão gasta e em desuso: reforma interior. Deixo de lado o papel de vítima e começo a me olhar sem piedade; afinal, sou ou não sou 100% responsável por mim mesma? Nada fora de mim será capaz de promover as mudanças necessárias. Recorro a meus próprios recursos, não concordo com o velho ditado que apregoa "em casa de ferreiro, espeto de pau". Abro um tarô e as respostas me conduzem a sínteses fantásticas. Reflito sobre as cartas e redescubro sua magia. A Torre Fulminada, arcano XVI, a ruptura; a Morte, arcano XIII, a transformação; a Roda da Fortuna, arcano X, o movimento incessante, o fluir da vida. Será que nada é para sempre?

A Torre Fulminada representa a intervenção divina quando nos distanciamos do "bom caminho", preocupando-nos apenas com o mundo exterior, sem dar espaço às nossas necessidades internas. A Morte, tétrica figura da caveirinha com a foice na mão, nos alerta para as transformações necessárias e a poda imprescindível num dado momento para que a vida ressurja em todo o seu esplendor na estação seguinte. A Roda da Fortuna sugere que tudo é cíclico, "não há mal que sempre dure nem bem que nunca se acabe". Por isso, se tudo vai mal, ótimo, só pode melhorar; se tudo vai bem, cuidado: mudanças virão e podem ser para pior...

Tudo fluido, como a água, elemento complementar da minha natureza astrológica terra/terra. Difícil. Árduo aprendizado. A lucidez me transporta às longas conversas com o amigo Luis Pellegrini e seus toques acerca do budismo; e me vem à mente o princípio da impermanência. Releio os escritos do Dalai-Lama Tenzin Gyatso e reflito sobre o tema. O sofrimento existe e é o principal pilar das Quatro Nobres Verdades, postulado básico do ensinamento de Buda. A existência é um passeio através das sendas do sofrimento e todo seu mistério reside no aprendizado de sua superação; para isso, precisamos aceitá-lo, entender suas causas, crer na possibilidade de sua cessação e encontrar os caminhos que provocam essa cessação.

A impermanência não é fácil de se aceitar. A matéria sugere que as coisas *são,* quando, na verdade, tudo apenas *está.* Existe a *impermanência grosseira*, que se reflete na destruição de um objeto ou na morte de um ser; esta é mais facilmente perceptível, já que pode ser detectada por nossos olhos materiais. Mas existe a *impermanência sutil*, só perceptível aos olhos da alma, que culmina nas enormes transformações que parecem ocorrer "de um dia para outro".

Os cientistas são capazes de detectar processos de desintegração das substâncias químicas nas micropartículas que compõem cada objeto, a todo momento; se nossa consciência fosse capaz de acompanhá-las, segundo a segundo, não estranharíamos as mudanças que ocorrem à nossa volta. A erosão de uma rocha, aparentemente dura, resistente e imutável, não nos surpreenderia se nossa mente estivesse apta a observar não apenas as mudanças grosseiras, mas as sutis.

Mudamos o tempo todo e não nos damos conta disso. A cada dia nos renovamos, milhares de células morrem, dando lugar a novas. Quando mantemos o equilíbrio corpo/mente/espírito, somos capazes de reproduzir células perfeitas. Ante o desequilíbrio, começamos a edificar estruturas defeituosas que resultam em doenças. Nossa mente grosseira não se apercebe disso... Somos diferentes a cada momento em relação ao nosso trabalho, mesmo que esse se perpetue através de atos mecânicos como carimbar papéis, autenticar documentos ou apertar parafusos numa linha de montagem. Nos relacionamentos, então, somos irreconhecíveis ("Como pude remotamente me apaixonar por aquela pessoa?"). Nossa consciência sobre esses atos aparentemente corriqueiros é renovada a cada nascer do sol. E não nos apercebemos disso... O homem é um bicho cômodo, mas as leis universais são implacáveis. E assim como o tempo não pára, nada em nós permanece inalterado.

Separações, doenças, acidentes, mortes não acontecem por acaso. São agentes da sincronicidade e nos colocam frente a frente com processos de crise, *wei-ji*, o ideograma chinês que em sua sabedoria reúne *"perigo e oportunidade"*. Ruim é permanecer na escuridão do perigo sem avistar a luz da oportunidade. Como uma centelha divina, a crise nos alerta para o fato de que algo em nós pode ser aprimorado; cada desafio é um convite a uma transformação. Cabe a cada um, à sua maneira, aceitá-lo. Na verdade não se trata, propriamente, de um convite, mas de uma "intimação". Quanto maior o nosso grau de resistência em aceitá-la, tanto maior o conflito que estaremos criando. Conservador versus inovador. Briga boa, não?

A insegurança em relação ao futuro cria um apego excessivo ao passado. Bom ou ruim, o passado é real e conhecido, portanto seguro. O futuro, quem sabe? Deixar ir não é tarefa fácil; sublimar nossos desejos e permitir que se cumpra o destino, ouvir a voz da Inteligência Superior que ecoa dentro de nós, abandonando o ego/consciência para abrir espaço à alma... Usar o discernimento para rever com imparcialidade que o passado também teve seus maus bocados e que muito se sofreu inutilmente por pessoas, coisas, ideais que no futuro se revelaram não ser tão maravilhosos quanto pareciam. Revisitar os sucessos que sobrepujaram os fracassos; reler as coisas na sua exata importância; e, sobretudo, confiar.

Oscilamos entre seguir em frente e dar marcha à ré. Ouvi, certa vez, que quando "entregamos na mão de Deus", devemos fazê-lo com total confiança, os dois olhos fechados. Nada de ficar com um olho entreaberto, à espera do momento em que *Deus vai falhar...* Dúvida, dilema, divisão. Ninguém pode se encontrar e ser uno se está dividido. O medo da mudança perpetua o processo de depressão e vazio que o sucede. Confiança é a única chave dos portais para um futuro feliz.

"Morrer deve ser tão frio/quanto na hora do parto", afirma o sábio zen Gilberto Gil. Se tememos as mudanças da vida, o que dizer da morte? No entanto morremos a todo instante: da vida intra-uterina para o selvagem mundo exterior, da infância para a adolescência, da experiência estudantil para a concorrida fase profissional, desta vivência terrena, quem sabe para onde? Apesar de a morte ser a única certeza da vida, nada nos enche mais de temor e dúvidas que essa perspectiva fatal que a civilização revestiu de morbidez.

Morrer no corpo da mãe para adquirir existência própria, que milagre! Mas, que sofrimento! A parturiente se contorce em contrações dolorosas, o pacto de morte/vida é selado com sangue. O feto abandona o calor e o conforto da bolha de líquido amniótico para ser envolto em pedaços de pano e colocado nas fileiras dos berçários, ao som estridente dos berros de outros recém-nascidos. O nascimento obedece as leis naturais, por isso passa pelo sofrimento. Ritos iniciáticos de tribos primitivas, por reproduzirem simbolicamente o ato de nascer, muitas vezes apelam à dor. Toda morte implica renascimento e só será útil se for utilizada como alavanca propulsora de um movimento de criação; caso contrário, a energia daquilo que morre é totalmente desperdiçada.

Nenhum fardo maior que a nossa própria capacidade de carregá-lo nos é colocado sobre os ombros. Já que o momento é de mudança e esta é inevitável, muitas vezes sentimos uma vontade irresistível de querer mudar "os outros, as coisas ao nosso redor". Pura perda de tempo!

Quem já experimentou na própria pele os efeitos de uma transformação, sabe o quanto é impossível tentar impô-la a qualquer um fora de si mesmo! No entanto, nosso processo de mudança acarreta em cadeia inevitáveis alterações em tudo e todos à nossa volta. Depende apenas de nossa vontade, temos de nos tornar ativos para desencadear o processo. O ano que vem, um emprego novo, a vindoura era de Aquário, o príncipe (des)encantado não representam mudança para quem ainda não assumiu uma nova consciência e atitude: mudar é necessário.

A transformação é um exercício contínuo de desapego e flexibilidade. Cada dia encerra a possibilidade de revelar uma surpresa; o mistério é a mais bela das experiências, afirmou Einstein. Aceitar, digerir, fluir, assim é que a vida se torna mais leve e divertida. Nada é certo ou errado, tudo depende dos olhos de quem vê isso ou aquilo. Tudo pode acontecer para quem aceita os emocionantes desafios do jogo da vida; assim é que ela flui, imperceptível, limpando as máculas do passado como a água límpida que corre pelos leitos dos riachos...

Quanto a mim, desisti temporariamente do novo apartamento; pouco mexi na decoração do antigo. Ocupei os espaços vazios, mas deixei que algumas marcas me mostrassem sua sabedoria; não mudei minha voz nem os meus cabelos. Não fiz aeróbica, corrida, step ou bicicleta, apenas me dedico a longas caminhadas pelos parques. As pessoas dizem que estou diferente... Estranho... Não emagreci ou engordei, não mudei nada, sou a mesma, igualzinha... Ah, uma coisa mudou: o novo CD player com controle-remoto, instalado sobre o rack da TV. Agora já não me ocupo o tempo todo com o braço do toca-discos...

Roteiro de Viagem: por onde começar suas mudanças

A repetição consciente de frases possibilita gravar de maneira eficaz novos conceitos em sua mente inconsciente, tornando-a uma poderosa agente de mudanças. O método requer prévio estado de relaxamento, que pode ser obtido através da respiração compassada(*); será mais eficiente ainda se você conseguir visualizar, verbalizar algo sobre o assunto e sentir as emoções que a frase provoca em seu corpo. Experimente repeti-las durante alguns dias, de preferência antes de se deitar ou logo ao acordar.

• *Eu só preciso ser o que sou.*

• *Tudo o que eu preciso saber/fazer para mudar se encontra dentro de mim.*

• *Mudar é seguro; sou livre para mudar quando quiser.*

(*) Prenda a respiração contando mentalmente: 1, 2, 3, 4. Segure por dois tempos: 1, 2. Expire, soltando o ar em quatro tempos: 1, 2, 3, 4.

• *Sou flexível; deixo ir o passado; aceito o novo.*

• *As coisas apenas estão; nada é, tudo pode mudar.*

• *Posso construir valores de acordo com minhas convicções.*

• *Eu me aceito e me permito mudar sempre que desejar.*

• *O passado já foi, o futuro ainda não chegou. Hoje, só posso viver o presente.*

Mudou (*)

Mudou, mudou o tempo que eu sonhei pra nós
Mudou a vida, o vento, a minha voz
Mudou a rua em que eu te conheci
Mudou a ilusão da paz do nosso amor
Mudei as rimas do meu verso cru
E o sol mudou de cor meu corpo nu
Mudou o impulso aflito de dizer que não
A lua é nova e a nova informação
Muda meu céu e vai mudar meu chão
A terra ardeu e céu desmoronou
E ao que fazei, a flor não me ensinou
E ao que sabei, o sonho não mostrou...
Mudou e vai mudar enquanto eu não morrer
E vai mudar pro amor sobreviver
Vê se me entendes, eu mesmo não mudei
Eu sou o mesmo livro, podes ler
Eu sou o mesmo livre pra dizer
Que eu amo ainda
Te quero ainda
Te espero ainda, amor

(*) Taiguara. *Mudou,* faixa do CD *Teu Sonho Não Acabou,* EMI.

Corpo em Harmonia

“Dezessete, dezoito, dezenove, vinte.” Ufa!! Mais um lance vencido. Coração na boca, respiração ofegante, dor nas costas, na barriga da perna. Sempre que falta energia elétrica, a resposta invariável do serviço de informações tem sido: “Reparos na rede, cerca de duas horas para o funcionamento normal.” Também, quem mandou morar no décimo terceiro andar? E tome escada... Coragem, afinal são apenas mais treze andares (já estou no térreo, depois de galgar o primeiro e o segundo subsolos!), vinte e seis lances de dez degraus cada um, o que perfaz um total de... Deixa pra lá.

E a minha energia, quando vai voltar? Dizem os mais velhos, em sua sabedoria, que a vida começa aos quarenta; mas o que não nos contam é que, a partir daí, começam também algumas complicações. Caminho a passos largos para essa “idade de ouro”; pensando melhor, talvez o cansaço me impeça de empreender passos tão largos... De qualquer modo, sinto que me aproximo rapidamente; digamos que o tempo é que empreende passadas gigantescas, com rapidez, constância e eficiência. Trinta e sete, trinta e oito, trinta e nove, quarenta. Falta pouco.

Caminhar é um exercício natural para o homem, afirmam encorajadoras as reportagens dedicadas à boa forma. Natural uma ova, esta bendita escada que o diga!! Afinal, você nasce deitado, primeiro aprende a sentar com ajuda de terceiros e muito esforço; em seguida se põe de quatro, como a maioria dos filhotes mamíferos; levanta-se, enfim, sobre seus frágeis e delicados pés, cai, levanta, cai, levanta, cerca de 1.620 vezes, segundo pesquisas, e então sai andando desajeitado, mais ou menos equilibrado e todo seguro de si... até levar o próximo tombo e esfolar novamente o joelho, pondo em dúvida os benefícios de se manter sobre duas pernas, insistindo nesse exercício sacrificado que é o caminhar.

Você cresce, e em tempos de acomodação tecnológica, passa grande parte do tempo sentado, seja na sala de aula, no carro, diante da TV (com controle remoto!) ou dos *games* instalados no seu computador. Você namora confortavelmente (sentado) via Internet, não tem mais aquela aporrinhação de ter de se produzir, perfumar, caminhar ou tomar o metrô para encontrar o(a) bem-amado(a). Pode matar a saudade, superando quilômetros de distância, movendo apenas um dedinho, tocando de leve as teclas do telefone sem fio, que oferece a vantagem extra de uma conversa calorosa (deitado) sob lençóis macios e cobertor peludo.

As engenhocas modernas vão inibindo e minimizando os movimentos naturais do homem. Como afirmou a cantora Elza Soares, aeróbica praticava-se antigamente enfrentando o tanque de roupa, varrendo o quintal, encerando o chão da cozinha. Minha mãe conta histórias incríveis sobre como, quando criança, tirava água do poço e carregava baldes e mais baldes para lavar a louça ou limpar a latrina, que lhe valeram, como recompensa, braços bem torneados. Para a geração videogame, isso deve soar como um relato da Idade Média. E ainda há quem reclame de ter não ter água quente na pia do banheiro...

Atualmente, subir escadas, ladeiras e até mesmo ficar em pé, numa fila de banco, representam sacrifícios enormes ao nosso acomodado (e algo desengonçado) corpo. Repare só na postura das pessoas quando sentadas à mesa de um bar ou enfileiradas à espera de um caixa atencioso que os liberte da provação interminável. Os pés raramente estão apoiados com firmeza no chão, o peso quase sempre recaindo sobre uma das pernas; as costas arqueadas e ombros projetados para a frente dão sinais de cansaço, os braços parecem não fazer parte do conjunto.

A fadiga se traduz ainda através das olheiras fundas, a tez pálida, os cabelos descuidados, um verdadeiro esculacho. Assemelhamo-nos a nossos remotos parentes símios. Será esse desleixo produto do meio hostil em que vivemos e que temos de enfrentar diariamente para ganhar o sagrado pão de cada dia? "Homem primata, capitalismo selvagem", afirma o refrão de alerta nos versos irreverentes dos Titãs.

Esgotamento físico e mental é assunto presente nas principais revistas, sejam femininas, masculinas, de negócios, saúde, esportes ou variedades. Estresse é jargão tão comum no vocabulário do nosso dia-a-dia que até ganhou a forma aportuguesada, com um "e" no começo, outro no final. Esse cansaço excessivo, a falta de pique, muitas vezes sem motivo aparente, serão resultantes apenas do desgaste físico que o corre-corre cotidiano nos impõe?

Há muita correria, mas podemos nos deslocar mais rápido com a ajuda de um automóvel para cumprir nossa agenda; assim como nossos aliados de quatro rodas, cada vez mais, geringonças tecnológicas nos acomodam na lei do mínimo esforço; é claro que precisamos coordenar todas as tarefas e aí a mente entra em ação. Mas, por que o corpo padece tanto, se muitas vezes nem é acionado nessa roda-viva diária? Você pode sair da sua cadeira giratória simplesmente moído ao final do expediente, apesar do *design* anatômico e dos seus mínimos movimentos...

Corpo, mente e espírito são as três dimensões inseparáveis que constituem o ser humano. Não tenho dúvidas de que o cansaço físico, a falta de energia, traduzem também desgastes mentais e espirituais. Corpo em dia, forte, vigoroso, com tudo em cima, músculos superdesenvolvidos, modelagem "localizada"... mas cansado. Atingir a perfeição do corpo para que ele sustente nossos músculos, sangue, pele e ossos será suficiente para sustentar ainda os desafios impostos à mente e as inquietudes experimentadas pelo espírito?

Por ser o suporte material do homem, o corpo, muitas vezes, é louvado de forma exagerada por aqueles que perseguem obsessivamente a perfeição da máquina humana. Ou relegado a um plano secundário por intelectuais e espiritualistas, pessoas que privilegiam seu lado imaterial e abstrato. Muita cerveja, uísque ou caipirinha estão presentes nas rodas dos bares onde mentes brilhantes discutem os destinos do mundo, resultando em barriguinhas proeminentes, fígado cansado, não raro compondo o visual com barbas e cabelos encaracolados, roupas despojadas e total falta de tempo para cuidar da aparência, o que incluiria necessariamente uma boa dose de exercícios físicos.

Depois de praticar por anos a fio o *"halterocopismo"* (para quem não sabe, expressão usada para descrever o "dinâmico" gesto de levar o copo à boca várias vezes seguidas em pequenos intervalos de tempo, numa corruptela do conhecido halterofilismo), sem dúvida o corpo está um caco. Não creio que essa debilidade também possa ser justificada apenas pelo uso excessivo da mente, mas pelos poucos cuidados dispensados à carcaça que serve de suporte ao cérebro gerador das idéias e da imaginação.

Do mesmo modo, alguns espiritualistas igualmente desligados da matéria também descuidam dessa importante morada do espírito, optando por um modelo empobrecido, despido de vaidade, que, mal administrado, resulta em humildade exagerada, autoflagelação, baixa auto-estima. Somente os que buscam a elevação espiritual como único caminho de suas existências podem se dar ao luxo de relegar o corpo a um plano secundário, vivendo de forma a suprir minimamente suas necessidades.

Convém que se resguardem em lugares com infra-estrutura adequada para que possam viver a plenitude de sua espiritualidade (monastérios, ashrams, templos) e que sejam iniciados de acordo com as tradições por mestres habilitados. Sem esse respaldo, um corpo mal cuidado e enfraquecido é uma porta aberta para doenças e ataques psíquicos de toda natureza.

Conheço uma porção de histórias sobre rituais ou workshops de finais-de-semana pretensamente espiritualistas que propõem jejuns radicais, expondo seus participantes a flagelos como frio, fome, abstenção do sono, desconforto físico. É claro que, além de proporcionar apenas um tipo malvado de penitência, em poucos dias o espírito não poderá aprender muito coisa, preocupado que está em oferecer alguma paz e conforto ao pobre corpo, vítima dessa falsa espiritualização.

Durante muitos anos relutei em aceitar a necessidade de pôr em funcionamento regularmente esta máquina perfeita que Deus me deu. Afinal, se a mente tudo comanda, por que não manter a energia do corpo em equilíbrio somente às custas do pensamento positivo direcionado para essa finalidade? Aos poucos, descobri que nossas engrenagens, quando usadas de maneira inadequada ou insuficiente, emperram ou sofrem desgastes.

Articulações bloqueadas, rins incapazes de exercer sua função filtrante por falta de água no organismo, fígado desgastado pelo constante processamento de alimentos pesados e tóxicos, coração e pulmões trabalhando em potência mínima, inaptos para responder quando solicitados em suas cargas máximas. Extremidades dormentes, pele e cabelos sem viço, unhas quebradiças. O corpo é uma máquina e, como tal, necessita de manutenção, lubrificação, revisões periódicas, acionamento constante, habilidade no trato e muito carinho.

Tempos atrás, tive a oportunidade de entrevistar Liu Pai Lin, um mestre chinês de artes marciais, dentre elas o tai chi chuan. Fiquei impressionada com seu vigor físico (ele tinha, na ocasião, 80 anos), a pele lisa, as rugas estrategicamente localizadas. Maior foi a minha surpresa quando ele suspendeu a calça para exibir sua perna a um paciente (mestre Liu também dá consultas sobre práticas da medicina chinesa) e pude examinar sua musculatura bem desenhada, sem uma única variz.

Admirada, pedi à intérprete que lhe dissesse que eu o achara muito bonito. Amavelmente, ele respondeu: "Sua mãe a fez mais bonita que eu; pratique tai chi e aos 80 anos estará muito mais bonita do que estou agora..."

Confesso que a vaidade pesou mais que a saúde na minha decisão. Mesmo assim, só encarei o desafio por causa do estímulo de alguns amigos e, é claro, por minha natural curiosidade. Lembro-me que cheguei cedo à primeira aula e fiquei encantada com o suave balé ensaiado por uma turma de cerca de doze alunos, com seus movimentos elegantes e leves, que desenhavam círculos no ar. A quietude, as paredes brancas, tudo recendia paz. Acreditei ser muito fácil reproduzir aquela mágica coreografia. Quando entrei em cena, porém, percebi que não era tão simples assim.

Primeiramente fui colocada sentada sobre o chão, acomodada num pequeno tapete, as pernas e a coluna retas. A seguir passamos à prática chamada "exercícios dos tendões", que consiste num alongamento através de uma série de oito movimentos suaves. Lá pela quarta ou quinta vez em que eu repetia os exercícios, senti uma dor terrível na virilha esquerda e reclamei. A instrutora, serena, apenas respondeu: "É assim mesmo, vai doer um pouco; se for insuportável, pare por alguns minutos". Fui aguentando o sofrimento, ansiosa pelo momento em que aprenderia o que chamam de "formas", os graciosos movimentos do tai chi. Aí a coisa se complicou pra valer, percebi que não tinha o mínimo domínio sobre meu corpo para executar com a leveza e a lentidão características dessa prática, os movimentos propostos.

Ao final da primeira sessão, pensava firmemente em desistir e na decepção que os amigos, até então vitoriosos por me convencerem, experimentariam. Fui falar com a instrutora, a mesma que servira de intérprete na minha entrevista, e ela confirmou minhas temíveis sensações;

apesar de exigir aparentemente pouco esforço físico, os bloqueios do corpo seriam gradualmente vencidos; até lá, poderia doer um pouco aqui ou ali.

Insisti. As formas continuaram difíceis, mas o corpo ganhava mais elasticidade e vigor. Consegui chegar à metade da seqüência após um ano e meio de prática. Os benefícios incontáveis foram suficientes para comprovar que o corpo precisa de movimento para funcionar bem; aos poucos, as técnicas vão sendo assimiladas com naturalidade e deixam de representar sacrifício.

Para os seguidores da linha adotada pelo mestre Liu, todo o trabalho é feito em silêncio, pois embora os movimentos possam parecer "para fora", na verdade traduzem um momento de profunda introspecção. Nada de musiquinha de fundo ou qualquer som compassado que nos leve a repetir mecanicamente cada uma das formas. Ocorre ali uma perfeita e agradável integração de corpo, mente e espírito. Em resumo, a própria filosofia do tai chi sintetizada em duas palavras: expansão e recolhimento.

Por isso, nos parece estranho alguns tipos de exercícios físicos que desvinculam o movimento em si da atividade mental, inibida por sons altíssimos ou marcação estridente do instrutor através de palmas ou gritinhos. Quanto ao espírito, nem se fale: nesses momentos de furor corporal, deve ter saído para dar uma voltinha...

Em qualquer idade, escolha uma atividade que privilegie essa integração, porque, como já dissemos, as três esferas – corporal, mental e espiritual – são uma coisa só. Curta tudo o que lhe agradar, mas lembre-se de que a comunhão desses três níveis dotados de energias diferenciadas é fundamental para que você esteja inteiro.

Corpos fragilizados são excelentes hospedeiros das energias nocivas. Um corpo doente favorece a confusão da mente e torna-se sujeito a ataques psíquicos; medo, inveja, ócio, raiva e outras tantas qualidades mesquinhas assumem proporções descomunais num sistema minado por doenças ou idéias negativas. Sem o confortável suporte do corpo, o espírito não encontra paz. Por isso, adote o prazer, o conforto e a saúde como metas indispensáveis do seu desenvolvimento intelectual e espiritual.

Proponho agora que você tome um copo de água pura, dê uma voltinha pelo quarteirão respirando a plenos pulmões e medite um pouco sobre como tem tratado esse seu velho (talvez não tão velho..) corpo que perpetua seus ancestrais e descendentes, além de toda garra, graça e beleza herdadas da espécie humana. Tenho certeza de que seu espírito revigorado canalizará as bênçãos do Criador, que ficará mais orgulhoso ainda da sua nobre criação.

Coisas simples de se fazer para manter o vigor físico (aposto que você, como eu, nem sempre faz...)

• *Beber dois litros de água pura* por dia.

• *Fazer cinco refeições leves* (incluindo dois lanchinhos entre café da manhã/almoço, almoço/jantar – pode ser uma fruta, um doce, um iogurte).

• *Andar 3 ou 4 quilômetros todos os dias* (de preferência olhando para dentro de você ou trazendo para dentro de si as paisagens de fora).

• *Respirar profundamente.*

• *Comer mais fibras, frutas e verduras.*
• *Abandonar vícios e excessos.*
• *Dormir o suficiente.*
• *Dar boas risadas.*

Monsieur Binot (*)

Olha aí, Monsieur Binot,
Aprendi tudo o que você me ensinou
Respirar bem fundo e devagar
Que a energia está no ar...
Olha aí, meu professor
Também no ar é que a gente encontra o som
E no som se pode viajar
E aproveitar tudo o que é bom
E bom é não fumar
Beber só pelo paladar
Comer de tudo o que for bem natural
E só fazer muito amor
Que amor não faz mal...
Olha aí, Monsieur Binot,
Melhor ainda é o barato interior
O que dá a maior satisfação
É a cabeça da gente
A plenitude da mente
A claridade da razão
O resto nunca se espera
O resto é a próxima esfera
O resto é outra encarnação...

(*) Joyce. *Monsieur Binot,* faixa do CD *Revendo Amigos,* EMI. Música composta em homenagem ao mestre iogue Victor Binot.

Um Tempo para Mim

Sete horas na capital paulista. Pulo da cama e a rotina começa. Banho, toilete, café da manhã. Deixar as crianças na escola. Reunião às 8h30 no escritório do cliente, do outro lado da cidade. Marginal infernal. Carros, motoristas barbeiros, caminhões cuspindo fumaça. Eu ali, espremida entre dois monstrengos, que nem sei ao certo se podem me ver. Dia desses li no jornal que eles costumam tomar um coquetel de drogas para ficarem acesos ao volante. Rezo para que tenham tido uma boa noite de sono.

Fim do primeiro round. A reunião foi um sucesso, apesar do desperdício de tempo entre conversas fúteis ou pouco objetivas. Reunião é coisa para americano e japonês, que conhecem o exato valor do tempo auferindo-o em dinheiro através do cálculo custo-hora-homem. Brasileiro conta muita piada, pensa devagar, olha as pernas da secretária e se distrai; ou banca o durão, fala pouco e não diz nada... Conversa vai, conversa vem, Marginal vai, engarrafamento vem, 10h30 assumo, vitoriosa, o pequenino trono giratório diante do sisudo computador que nem ao menos me deseja um bom dia. Martela daqui e de lá, em poucos e preciosos minutos acerto o saldo bancário, consulto a agenda, envio um fax, leio as principais manchetes do jornal. Salve, salve a era da tecnologia.

O bendito ponteiro não pára, já são meio-dia e não liguei pra mãe. Agora não dá mais, que ela fica furiosa se o telefone toca bem na hora do almoço. Tá certa ela.

Depois de perder tanto tempo na cozinha, é justo que o banquete seja servido com honras e pompas, degustado à temperatura ideal para revelar o inigualável e bem temperado paladar da comida caseira. O almoço é um momento sagrado. Boa idéia eu ir almoçar também.

No empurra-empurra do fast-food de comida avaliada por quilo, vorazmente todos querem saciar sua necessidade no tempo permitido para alimentação, em geral de 30 minutos a uma hora. Não é preciso saborear nada, porque ali pouca coisa tem sabor mesmo. Verdura cozida demais, feijão cozido de menos. Sempre a mesma alface queimada, batatinha encharcada de óleo, carne de panela mal temperada. Uma travessa com macarrão pálido e triste. Arroz empapado, sempre no fim. É o que o tempo permite. É o que merecemos.

Pela calçada, no caminho de volta em passos largos, lembro da vó. Meu tio internado, será que ainda está vivo? Tenho de telefonar para a doutora Sandra que gentilmente visitou o enfermo no triste leito, pouco antes da operação. Tenho de passar na locadora e devolver as fitas de vídeo. Levar o cachorro para banho e tosa. Abastecer o carro, antes que eu fique parada no congestionamento das seis. Ih, acabou o leite! Tenho de ir ao supermercado. Hoje não dá, que é dia de vale e aquilo fica entupido de gente. Pego o leite na padaria...

De volta ao troninho giratório. Telefonema vem, inspiração vai, problemas se acumulam em pedacinhos de papel espalhados confusos sobre a mesa. Deixo isso pra amanhã, que hoje é dia de entregar a matéria. O prazo, esse algoz! Sempre como a lâmina da cruel guilhotina pronta para despencar bem no meio do meu pescoço a qualquer momento. Respiro fundo. Um, dois e... Onde eu estava, mesmo? Ah, no *gran finale*! Martelo o teclado com o mesmo empenho e carinho de um cuidadoso escultor. Lapida daqui e de lá, uma frase, mais outra, acabou! Lá vai, via modem. Ufa! Dá tempo de pegar as crianças na escola.

Com a carga preciosa e perigosa, empreendo a aventura de parar na padaria. Como uma nuvem de gafanhotos, em segundos os pequeninos agarram tudo o que podem, balas, doces, pães, biscoitos, salgadinhos e sorvetes. Para mim sobra o pacote desajeitado com cinco caixinhas de leite e a conta de guloseimas inúteis para pagar.

Chego em casa e ligo a TV para acalmar os ânimos. O cachorro não deixa, latindo, abanando o rabo e criando a maior confusão. Não esquento. Examino a correspondência enquanto penso no jantar. Ai, a vó, preciso ligar...

Deparo com o convite para o lançamento do novo livro do amigo Luis Pellegrini. Será que dá? Leio com atenção o subtítulo: "Relatos de viagens à procura do self". "Viagem é transformação pelo movimento. E todo movimento que acontece em nossa vida converge de algum modo para o *self,* o centro espiritual interno". De súbito, essas frases me despertam do torpor rotineiro. Estarei indo em busca do meu próprio self, mesmo perdida entre tantos compromissos prosaicos e mundanos? Respiro fundo e resolvo mudar a trajetória.

Olho para o fogão à minha espera, ouço o burburinho das crianças, o barulho de carro que anuncia a chegada do amado companheiro. Ensaio um beijo ligeiro e, munida de bolsa e chave na mão, despeço-me com um olhar de deslumbramento. "Aonde vai?", ele pergunta surpreso.

"Vou comprar cigarros", código que significa que vou sair à toa e não tenho hora para voltar, a exemplo da piada em que o marido só retorna muitos anos depois...

Saio a esmo pelas ruas agitadas, absolutamente aliviada. Tenho um encontro marcado comigo mesma e desfruto o prazer desse momento. Fazer nada, esvaziar a mente, deixar de lado os compromissos. Um tempo para mim, absolutamente livre de preocupações. Lembro de uma passagem do filme *No Mundo da Lua*, estrelado por Ted Danson, que sai pelas estradas dos Estados Unidos em companhia do filho a bordo de um velho carro na esperança de completar a quilometragem da distância da Terra à Lua no exato momento em que a Apolo XI ali desembarcar. No caminho, dão carona a um índio americano convocado para a Guerra do Vietnã.

Entre descobertas e alguns desentendimentos, num dado momento o filho se aborrece com as excentricidades do pai e fica amuado. O índio então se aproxima do garoto e diz ter aprendido com um velho feiticeiro da tribo a fórmula para "não esquentar" em apenas duas lições. O garoto demonstra curiosidade e o índio revela a sabedoria do xamã: primeira lição: nunca esquente por coisas pequenas; segunda lição: todas as coisas são pequenas. Neste momento de paz, alegria e serenidade, a única coisa grande e importante do mundo sou eu mesma e toda a felicidade que eu possa alcançar nas próximas horas.

Doença dos tempos modernos, a servidão tornou-se característica obrigatória do ser humano urbano. Priorizamos a família, o trabalho, os compromissos sociais. Adiamos nossa visita ao oculista, a compra de um novo par de sapatos, um passeio de olhos pelas vitrines, o sabor de uma taça gigantesca de sorvete e o desfrute puro e simples da nossa boa e fiel companhia. Como dizem os espiritualistas, "só você vai estar com você mesmo por toda eternidade". Talvez por isso desdenhemos tantos nossos prazeres e necessidades, acreditando dispor de todo tempo do mundo para satisfazê-los.

O Dr. Stephan Rechtschaffen, estudioso do tema, enfatiza que o tempo, tal como o consideramos atualmente, é uma invenção social, criada poucos séculos atrás. Na Idade Média não havia essa profusão de "máquinas do tempo" a governar nossas vidas. Segundo ele, em alguns países da África, como em Papua-Nova Guiné, o conceito de tempo tal como o concebemos simplesmente não existe.

Em certos dialetos não há sequer palavras equivalentes a horas, minutos, segundos. Quando o sol nasce é dia; quando se põe, dá lugar à noite. O ciclo das estações se perpetua e eles têm a certeza de que a vida segue seu ritmo da mesma maneira que o nascimento dos bebês garante a perpetuação da espécie, ainda que pessoas morram todos os dias. Os nativos simplesmente confiam na vida e esta se apresenta como um fascinante espetáculo dia após dia, ano após ano.

Também em muitas sociedades do Oriente a idéia de tempo circular prevalece sobre a estrutura linear a que estamos habituados. Nessas culturas, os indivíduos aprendem a fluir com o tempo, dando espaço e importância a práticas pouco desenvolvidas no Ocidente, como a meditação e o relaxamento. O momento atual é encarado como continuação do passado, assim como o futuro dá seqüência ao presente. Males como ansiedade – ligada ao medo do futuro – ou culpa e apego – características de quem vive no passado – não fazem parte no dia-a-dia do cidadão comum nessas sociedades.

Se quisermos experimentar nossa verdadeira e natural relação com o tempo, podemos usar o artifício empregado por antigos xamãs e líderes religiosos para elevar o nível de nosso inconsciente, contactando nosso Eu Superior e deixando a consciência descansar por alguns instantes. O estado meditativo pode ser alcançado através de respirações profundas e ritmadas, combinadas às batidas repetitivas de um instrumento de percussão como um tambor ou chocalho; ou das vozes vibrantes e envolventes de um coral entoando canções *spirituals*; ou da conexão com sons da natureza, como o burburinho das águas de um riacho.

Breves minutos de relaxamento podem ganhar uma dimensão inexplicável, valendo mais que oito ou mais horas de sono mal dormidas. O encontro com a própria alma recarrega nossas energias e nos faz ver as coisas belas à nossa volta. Sempre é possível marcar esse encontro, desde que nossas agendas ganhem algumas linhas extras para este importante compromisso.

Uma pesquisa da Universidade de Maryland, EUA, quantificou como os americanos gastavam suas valorizadas 168 horas semanais: 74 delas eram dedicadas ao sono, à alimentação e ao trato pessoal (higiene e "produção"); seguidas por 37 horas de trabalho (no Brasil, em média, são 40 horas), 15 horas diante da TV e cerca de 10 horas locomovendo-se pelo trânsito; cozinhar e cuidar da casa totalizavam 7,8 horas , compras dispendiam 6 horas do seu precioso tempo. Outros itens diziam respeito a conversar, fazer visitas, ler e praticar esportes. Para relaxar e "pensar", os americanos declararam dispor de 1 hora semanal, mesmo tempo gasto com seu jardim ou animais de estimação, os três itens empatados no vexatório último lugar da lista, perdendo até para o pagamento de contas semanalmente – 1,7 hora.

Se pudessem *escolher* como gastar seu tempo diariamente, os americanos gostariam de dormir 486 minutos, gastar 26 minutos visitando alguém e outros 20 comendo fora; esportes, leituras, relaxamento e igreja apareciam praticamente empatados, com 7,2 minutos em média. Os últimos classificados foram prática de sexo ou conversar com os filhos, cerca de 1 minuto; beijos e abraços – pasmem! – menos que isso...

Estresse e alienação em relação aos próprios sentimentos são resultantes da necessidade criada pela sociedade ocidental de ocuparmos a maior parte do nosso tempo "produtivamente". É produtivo assistir a *O Paciente Inglês* para discutir com os amigos ou colegas de trabalho se o filme realmente foi merecedor de tantos Oscars. Já ficar de papo pro ar revendo a velha e desbotada fita com as aventuras do National Kid pode render a culposa sensação de perda de tempo, pois raramente você encontrará um cristão na face da terra que ache seu programa ao menos "aceitável". Auíca!!!

Momentos de relaxamento e reflexão causam a mesma sensação de culpa e ansiedade. Se estar à sós consigo mesmo é tarefa difícil, permanecer na própria companhia entre os demais – sejam seus pais, seu marido, filhos, colegas ou amigos – parece mesmo uma missão impossível. As cobranças se avolumam, pois costumeiramente não há respeito dos conviventes com aquela situação tão peculiar. Se alguém se dedica à prática de algum exercício de meditação no ambiente familiar, em geral é taxado de "excêntrico", "médium espírita à espera da incorporação", "tolo que acredita nessas coisas" e por aí vai. Quantos maridos respeitariam uns poucos minutos de conexão interior da esposa antes do jantar, do futebol ou do sexo? Quantas esposas aceitariam o sossego do maridão no domingo de manhã, enquanto ela se desdobra trocando as crianças, tirando a comida do freezer e telefonando para os amigos, dizendo que vão chegar atrasados ao encontro?

Quem nunca experimentou a prazerosa sensação de relaxamento e reequilíbrio energético não sabe do que se trata. E como a ignorância é mãe de todos os males e tendemos a temer o que desconhecemos, os inexperientes rotulam tais atitudes como maluquice e desperdício de tempo. Quando se pensa na melhor administração das horas de que dispomos no dia, estamos condicionados à idéia de produtividade e, em geral, cuidar dos outros nos parece produtivo enquanto cuidar de nós mesmos – nossa saúde mental e espiritual – parece-nos inadequado.

Segundo Rechtschaffen, executivos são treinados para estabelecer módulos de tempo, dentro de cada qual determinados projetos devem ser concluídos. Se você trabalhar direitinho e executar a tarefa em tempo menor, perfeito!! A sobra pode – e deve – ser usada para antecipar um novo projeto, que provavelmente também terminará antes do prazo previsto.

Aprender a "cavar" entre os compromissos um tempo para nós mesmos exige uma reavaliação de nossos sentimentos, nosso trabalho, nossos familiares e amigos, para que possamos enxergar quanto tempo dispendemos à toa. Talvez minha avó nem esteja em casa, talvez a doutora Sandra esteja gozando férias tranqüilas em Atibaia e meu tio esteja sofrendo conseqüências cármicas ou colhendo o que semeou por toda uma vida de vícios e descontrole. Talvez eu não faça a menor diferença, estando ou não presente em suas vidas neste momento.

É certo que o cão vai ficar muito mais feliz se eu adiar o banho por uns dias (ele detesta!) É possível mesmo que meu companheiro fique feliz por rever as fitas que não entreguei e, principalmente por reencontrar uma mulher mais carinhosa, mais bonita e satisfeita, mesmo tendo que amargar desajeitadamente, vez por outra, com a louça do jantar. As crianças foram dormir sem ouvir – e sem me dizer – poucas e boas. Na certeza pura e simples daqueles que não sabem o que é o tempo, acreditando apenas que o dia de hoje dará lugar a um novo e promissor momento de suas vidas, assim que surgir o sol.

Dicas para rearranjar seu tempo

• *Aprenda a viver o presente.* Sempre que a ansiedade o assediar, respire fundo e volte para o presente. O monge zen Thich Nhat Hanh sugere o uso da campainha do telefone para despertá-lo para esta ação. Sempre que o aparelho tocar, antes de tirá-lo do gancho, respire fundo. O condicionamento trará a você calma e tranqüilidade.

• *Estabeleça limites.* Eleja um tempo só para você (meia hora após o jantar, quinze minutos antes de começar a trabalhar – nunca menos que isso – que não sejam interrompidos por telefonemas, conversas, nada). Dedique-se a estar com você. Talvez para conquistar esse tempo seja necessário exercitar sua capacidade de dizer *não* a alguns compromissos.

• *Delicie-se com as coisas prosaicas.* Varra o chão, converse atentamente com seus filhos. "Não importa *o que* você faz, mas *como* o faz".

• *Crie tempo livre.* Sabe como quando você programa um passeio ao ar livre o dia amanhece chuvoso? Você tem que fugir dos seus planos iniciais e "inventar" o que fazer. Habitue-se a isso.

• *Faça o que você quer fazer.* Aprenda a conciliar o tempo com aquilo que lhe dá prazer: a prática de um esporte, de uma atividade, um passeio. E crie "linhas extras" na sua agenda de modo a encaixá-los.

• *Crie um tempo para estar só.* Medite, relaxe, esteja em paz. Assim a ansiedade se afastará cada vez mais de você.

Sabedoria e Compaixão

Dezembro de novo, de novo é Natal!! Quantas luzes, quanta animação aparente no movimento frenético das ruas e dos shopping centers. Gente pra lá e pra cá, olhando vitrines, com a expressão patética de quem fica imaginando que vai ter de presentear fulano, sicrano, beltrano... Alguns com o olhar perdido, ombros curvados, cansaço nas pernas e na mente que não pára de fazer contas. Está previsto um magro Natal, segundo expectativas dos comerciantes e estatísticas dos economistas. Queda nas bolsas, queda nas vendas, queda no ânimo geral. Alegria, gente!! Afinal, é Natal!!!

Além das compras e mais compras, uma outra mania nacional assola o brasileiro nesta data festiva. Uma bondade institucionalizada, uma ternura enfiada goela adentro, como se todos tivéssemos obrigação de amar e perdoar com dia e hora marcados – nem é preciso dizer de que mês... As instituições de caridade põem de fora suas manguinhas, recorrendo ao telemarketing. Usam a voz melodiosa de mocinhas especialmente treinadas para criar em nossas mentes comoventes imagens de crianças e velhinhos com grandes olhos redondos; um brilho sutil no olhar sugere uma lágrima prestes a rolar pelas faces magras, caso sua resposta ao pedido, carregado de boas intenções, venha na forma de um sonoro *"Não!"*.

Roupas, ceias, brinquedos, cobertores novos; estamos cansados da falta de originalidade dos pedidos ao Papai Noel desses órgãos filantrópicos – que nem sempre são tão idôneos ou bem-administrados o suficiente para que *nossos* meios garantam *seus* fins. "Mas você não tem Deus no coração, criatura?", pergunta surpreso meu querido, ante minha indecisão sobre como vou contribuir com o Natal das criancinhas carentes de uma famosa mega-instituição de ajuda ao próximo. É claro que tenho.

E tenho Deus presente também na consciência; e maturidade suficiente para saber que ser bom implica, além da doação, uma discreta cobrança de resultados, um certo grau de bom senso e muito empenho em promover o ser humano, em vez de lançar migalhas em sua direção, como quem distribui pérolas a porcos.

Disse sabiamente o Dalai-Lama Tenzin Gyatso: "Buda sempre salientou a importância do equilíbrio entre a sabedoria e a compaixão; um bom cérebro e um bom coração devem atuar juntos". Em outras palavras: não basta dar o peixe, é preciso ensinar a pescar...

Já fui vítima do golpe do Lar "Fantasma" de Velhinhos. Isso mesmo! Não se trata do Lar dos Velhinhos-Quase-Fantasmas, mas de uma instituição aparentemente bem organizada, com telemarketing e serviço de motoboy eficientes e um recibo tão bem impresso, que sempre o anexei à declaração de imposto de renda. Qual não foi minha decepção ao deparar, em pleno Jornal das 8, com o desbaratamento da fraude, apresentando uma saleta vazia, abandonada às pressas pelos "funcionários", ante cerrada fiscalização a entidades "sem fins lucrativos"...

Quanto ao lar de velhinhos, esse nunca existiu. Ah, o estranho poder criativo da maldade humana! É certo que muitas pessoas também confundem doação com desocupação. Acham o máximo ao "doar" a um conhecido mais necessitado aquelas tralhas velhas que foram juntando por puro apego. Algumas garagens brasileiras se parecem com os sótãos e porões americanos, idealizados para esse único fim: arquivar todo tipo de tranqueiras e lembranças na forma de entulhos.

Abandonado num canto, um fogão velho e imprestável, com os canos de gás corroídos pela ferrugem, cujo conserto vai ficar mais caro que comprar na loja um modelo mais simples, 0km. Se a empregada recusa o "presentão", é tida como orgulhosa e mal-agradecida.

Roupas rasgadas, puídas, desbotadas, mofadas, com péssimo cuidado, que mais serviriam como esfregão, guardadas e repassadas como verdadeiros tesouros. "Você não sabe o valor sentimental desta blusa!", lamenta a mulher chorosa, exibindo uma coisinha demodê, toda roída de traças. Quinquilharias de toda espécie, que não encontraram utilidade em nenhum lugar da casa, mas que "ficariam tão bem na sua estante..." Essa falsa bondade oculta uma certa necessidade de autopromoção – "Olha como eu sou bonzinho!" – além de apego e egoísmo camuflados.

A bondade é um sentimento experimentado bem dentro de nós, diferentemente da alegria, por exemplo, que ganha importância à medida que é exteriorizada. Mas ela se expande naturalmente e seus efeitos se fazem sentir aos poucos, de forma sutil... Quando manifestamos nossa bondade, somos envolvidos por uma imensa ternura e uma doce sensação de paz interior. Esse sentimento, que tem origem na mais sincera compaixão, nos coloca em sintonia com o Universo e nos faz entender o sentido cósmico e organizado da existência. "Um lugar para cada coisa, cada coisa no seu lugar". Há espaço para tudo e todos, respeitadas as diferenças. A abundância nos provê de tudo o que necessitamos. Não há falta, conseqüentemente não há apego. Assim fica fácil pôr em prática a bondade, "fazendo o bem sem olhar a quem".

Numa esquina, observo o senhor ao meu lado. Com o nariz empinado, lá vai a criatura bem-vestida, enclausurada em seu carrão importado, usufruindo de seu ar condicionado e de todo o status que o belo veículo lhe confere, parecendo mesmo invulnerável. Noto mudanças em sua expressão após ser abordado por um menor carente, sujo, magro, com grandes olhosa um tempo assustados e ameaçadores.

Apesar da falsa segurança do vidro fechado, seus ombros se curvam para a frente, o olhar se fixa num ponto qualquer do infinito, talvez pensando que não existe futuro para a desagradável criatura, representante da miséria e do desequilíbrio, dos quais, quem sabe, ele mesmo seja causador... Enquanto houver no mundo fome, pobreza, doença, guerra, nenhum ser humano evoluído poderá dizer-se completamente feliz. Somente a legítima compaixão fará com que as desigualdades sejam superadas.

Para praticarmos a bondade, é necessário que ultrapassemos nossos egos e filtremos, da nossa imensa lista de valores, aqueles que realmente valham à pena para o progresso da humanidade como um todo. Quando nos tornamos vítimas de uma programação egóica, por certo desenvolvemos nossa individualidade, mas perdemos a oportunidade de ampliar nosso pleno potencial como seres humanos. Somente quando você sabe ser bom e generoso para consigo mesmo, se torna possível praticar a bondade e a compaixão em relação a outros seres. Daí a importância da auto-estima no processo de aperfeiçoamento da humanidade. Mas, finda a primeira etapa, é preciso dar o segundo passo na direção da felicidade, que transcende a realização pura e simples dos desejos mesquinhos em particular. Aí estamos no caminho certo e reto da evolução.

A compaixão semeia calma e serenidade no interior de quem a pratica. Quem se deixa permear por esse nobre sentimento é capaz de atrair a amizade e o amor sinceros, passando confiança e reciprocidade aos demais. É por isso que, para os nossos amigos verdadeiros, representamos anjos de bondade, enquanto para aqueles com quem somos rudes e maus parecemos verdadeiros demônios. Ser bom requer paciência, pleno domínio da vontade e muito treino para chegar ao equilíbrio. Tudo isso só pode ser obtido através da prática da meditação.

Meditar, estar na quietude e tornar-se uno com o Universo, superando os limites do corpo e vivenciando a integração com todas as criaturas. Saber a vida, percebê-la e experimentá-la em sua infinita dimensão. É possível. Basta escolher um momento, um lugar e esvaziar cabeça e coração. De algum ponto da alma, bondade e compaixão brotarão espontaneamente. Você já está programado, basta deixar acontecer. Ao contrário do que costumamos ouvir, lidar com emoções e sentimentos é tão difícil apenas quanto possa ser difícil também lidar com o mundo material. É preciso somente dedicação e persistência.

Quando nos voltamos exclusivamente para as coisas materiais, nossa tendência é encontrar solução para tudo no mundo físico. Como as pessoas que desejam calar a consciência diante dos problemas sociais através da moedinha deixada na mão de uma criança carente no farol da primeira esquina. Ou das damas fúteis da sociedade, que vivem no desperdício, mas organizam eventos beneficentes – mais para seu próprio proveito no desfile de jóias, roupas e maquiagens que para benefício daqueles que dizem ajudar. Assim procedendo, elas acabam usando as pessoas que deveriam auxiliar como desculpa para autopromoção e outros objetivos mesquinhos. Quem ganha com isso? Muito mais as colunáveis com suas fotos nos jornais emolduradas por um carimbo de "boazinhas" que a meia dúzia de carentes assistidos por elas.

Uma das técnicas do budismo para se compreender, buscar e alcançar a atitude altruísta é conhecida por "estabilização e mudança do eu e do outro". Para saber como funciona, convém seguir o raciocínio do Dalai-Lama Tenzin Gyatso: de um lado, imagine-se sozinho com seus propósitos egoístas. De outro, visualize todas as demais pessoas do mundo. Elas são muitas, incontáveis, infinitas. Imagine-se então como uma terceira pessoa, apenas observando cada um dos dois lados. Pareceria justo a você sacrificar a maioria para a satisfação de seus desejos pessoais? É razoável usar todas as pessoas – ou grande parte delas – para que você, exclusivamente, alcançasse a sua felicidade? Ou seria mais útil colocar-se a serviço da maioria, criando e distribuindo bondade a todos quantos sua vibração positiva e otimista puder alcançar?

Parece evidente à Sua Santidade que a humanidade é sempre mais importante que um único ser. Daí a coerência em exercitar a compaixão através da atitude altruísta.

Em que medida devemos ser bons? Como “dar a outra face” nos dias de hoje sem passar por otário, ingênuo, tolo? Um amigo escorpiano, toda vez que alguma coisa não vai bem em sua vida, me vem com aquele chavão favorito, alardeando em tons proféticos que “o bonzinho só se ferra”, talvez numa alusão ao seu próprio ferrão escondido, sempre prestes a ser usado quando menos se espera...

A figura do bonzinho, do abnegado sem vontade que se sacrifica pelo bem-estar do outro, se mistura com a desagradável e insignificante máscara de vítima que muitos de nós assumimos no intuito de nos autopromover em relação a algo ou alguém, chamando a atenção dos outros para nossa insignificante pessoinha. Que figura patética o capacho do escritório que faz tudo o que mandam, assumindo sempre a postura do “crucificado” infeliz! Que triste perceber que alguém dividiu a última fatia do bolo, parecendo gentil, mas lançou em seguida um olhar pezaroso na direção do parceiro, torcendo, bem no fundo da alma, para que ele engasgasse e deixasse de espichar o olho na sua iguaria! Pior ainda o que fica amuado porque nunca recebe agradecimentos ou elogios suficientes por suas boas ações...

Há também os bonzinhos profissionais: manobristas, balconistas, auxiliares, serviçais, que tentam expressar sua bondade na forma de gentilezas sem fim, quase sempre parte integrante das funções que desempenham, mas que fazem questão de mostrar como se fosse um atributo a mais. Não espero de um garçom nada menos que cortesia e bom atendimento; do manobrista, que me traga o carro sem demora, visto ser esta a sua função; do balconista, que educadamente me mostre os artigos que desejo comprar, sempre de acordo com minha necessidade no que diz respeito à numeração, cores, modelos. No entanto, muitos deles acreditam que sua gentileza profissional deva ser premiada. Assim, no final do ato supostamente compassivo, espicham a mãozinha à espera de que gordas gorjetas sejam ali depositadas. Sem sombra de dúvida, esses não têm a mínima noção do que seja a verdadeira bondade...

Vivemos no Brasil um momento de necessária e urgente lucidez. No eixo Rio-São Paulo, violento por excelência, diversas campanhas de desarmamento vêm encontrando o respaldo da população, num protesto pacífico contra a violência. O homem começa a se conscientizar sobre seu terrível poder destruidor e percebe o quanto é importante desenvolver tudo o que é belo, benéfico e significativo, como a prática da bondade. Para praticá-la, não basta desarmar-se de fuzis, escopetas ou metralhadoras. É preciso, antes de tudo, desarmar o espírito, olhar o "inimigo" através de seus próprios olhos e empunhar a bandeira branca da paz.

Quando me lembro das misérias humanas, do sofrimento, da ignorância, da solidão e da tristeza; quando reconheço que no peito do meu inimigo pulsa um coração como o meu; e que sua cabeça também é cheinha de sonhos; e que ele sente amor por seus pais, seus filhos e sua companheira. Aí então é possível desfazer a invisível barreira, na tentativa de somar esforços e acrescentar ganhos para ambos os lados em vez de promover enfrentamentos.

Os inimigos modernos não estão mais entrincheirados em campos de batalha; são o colega a seu lado, disputando com você um cargo, um cliente, uma vaga na faculdade. Se conhecemos a lei da ação e reação e insistimos na prática da bondade, temos a certeza de que nossa vez chegará. E não será necessário disparar um só tiro para derrubar o adversário, pois não haverá adversidades a serem superadas. Na igualdade, a plenitude. Na plenitude, a mais ampla e intensa sensação do verdadeiro amor.

Quem ama a vida não perde tempo arquitetando maneiras terríveis de destruí-la, como um capanga do exército do mal. O amor, expressão maior de toda bondade e compaixão, exclui qualquer possibilidade de ódio, vingança e extinção da vida.

No que diz respeito àquele que consideramos ser o 'inimigo", o budismo tibetano nos ensina que devemos a ele o desenvolvimento de atitudes preciosas e engrandecedoras como a tolerância e a paciência. Por isso, temos de ser-lhes gratos, embora, muitas vezes, seja necessário reagir com energia às suas provocações. Mesmo assim, nossa calma e compaixão deverão permanecer intactas interiormente. Por mais contraditório que possa parecer, o budismo afirma que tal prática é possível, desde que estejamos afinados com o sentimento da bondade. Esta será derramada posteriormente sobre o "inimigo", enchendo-nos – a ele e a nós mesmos – de bênçãos amorosas, fazendo prevalecer a paz e a harmonia.

A prática diária de boas ações é um excelente começo para quem almeja trilhar os caminhos suaves da bondade. Convém lembrar que necessitamos muito de ação, pois "de boas intenções, o inferno está cheio". Saia do mundo das idéias e aja positivamente no sentido de ser bom. Não hesite em praticar o bem, por menor que lhe pareça o efeito de uma pequena atitude; segundo a tradição de Wicca, a moderna Bruxaria, "todas as suas ações, boas ou más, voltarão para você triplicadas..." Mas também não faça nada esperando receber aplausos e medalhas, pois ser compassivo faz parte da nossa obrigação como seres humanos. Trata-se de um aprendizado que só engrandece quem o pratica e a humanidade como um todo. Assumir sua responsabilidade nesse processo de desenvolvimento é uma importante contribuição.

Gestos de Bondade: adote-os em sua vida diária

• *Seja gentil no trânsito*: dê passagem, quando solicitado; deixe espaço para que o carro estacionado à sua frente possa sair com facilidade; releve pequenas distrações, especialmente as que não têm nenhuma conseqüência.

• *Escreva uma carta* para alguém demonstrando quando e por quê ela foi importante em sua vida. (Aproveite uma ocasião comum, evitando datas especiais, aniversários ou outras comemorações. E, é claro, não tente se favorecer de alguma forma com os elogios mencionados – não peça dinheiro nem o carro nem a casa de praia emprestados...)

• *Agradeça pequenas gentilezas* do fundo do seu coração; deixe claro o quanto elas foram importantes para você.

• *Faça uma lista* com atitudes que você queira tomar para tornar o mundo mais amável. E coloque-as em prática!!

• *Ofereça parte do seu tempo* – e, se puder, algum dinheiro –, para uma instituição filantrópica. (Fiscalize os resultados e o tratamento dispensado aos que são assistidos por ela).

Rasgando a Fantasia

Caminhando animadamente pelos corredores de um shopping center, acompanhada de uma grande amiga, procurávamos um vestido bonito para minha noite de autógrafos. Temos gostos parecidos, o que faz de Cecília uma excelente consultora de moda, até porque Narciso acha lindo o que é espelho, parafraseando o mano Caetano. Ela, de olho nos tailleurs clássicos e bem-comportados; eu, especialmente naquele dia, querendo algo mais fashion, chamativo, no melhor estilo "perua".

Meus olhos pousaram sobre um modelo longo, corpete em veludo com decote generoso e uma saia franzida de chantung que ocupava bons metros de tecido. Os detalhes cintilantes tornavam a peça ainda mais sedutora, refletindo o brilho em meu olhar. "Bonito", ela murmurou sem entusiasmo. "Parece vestido de princesa". E parecia mesmo. Eu já me via deslumbrante, descendo a escada imaginária da heroína Scarlett O'Hara, sendo recepcionada por um belíssimo cavalheiro que me entregava um ramalhete de flores. O olhar parado não passou despercebido à minha amiga. "Tá sonhando, Regina?" "Não, pensava nos meus afazeres de amanhã", disfarcei.

Apesar de toda a intimidade de que desfrutamos, não fui capaz de dividir com ela meu segredo. Pareceu-me tão tolo, tão infantil e sem sentido! No entanto era o *meu* sonho, que eu bem poderia ter realizado, não fosse a ausência da maldita escada na livraria...

Fantasiar, que delícia! A imaginação corre solta e nos leva por caminhos mágicos. Tudo é possível naquela fração de segundo ocupada por um pensamento; já é sabido que, sem idéia, não existe realização. A fantasia é, pois, essencial. Ela causa impacto no mundo exterior tanto quanto modela e organiza nosso mundo interior. Através dela a vida se torna mais suportável; se nos empenhamos no ofício, pode mesmo se tornar um prazer.

Somente o homem, este animal pensante, é capaz de fantasiar utilizando recursos simbólicos. Assim, lhe é permitido viajar para o passado, o presente e o futuro. A nós foi dada a oportunidade de criar nossos destinos através de invenções e outros engenhos para que pudéssemos, enfim, nos adaptar a este planeta. Muitas espécies desapareceram da face da Terra por se tornarem incompatíveis com fenômenos da natureza, fosse o clima, o rompimento da cadeia alimentar ou simplesmente por não serem capazes de engendrar estratégias para vencer os inimigos mais fortes ou mais cruéis.

De fato, a rotina de um cão nos dias de hoje é bem parecida com a de seus ancestrais domesticados séculos atrás; quanto a nós, humanos, atualmente namoramos via Internet, estocamos alimentos no freezer e fazemos café em um minuto graças aos grânulos solúveis e à tecnologia do microondas. Facilitamos a vida, progredimos, geramos tempo extra; pena que o utilizemos, na maioria das vezes, de maneira tão pouco criativa...

O mecanismo da fantasia, essa mola propulsora da humanidade, não tem recebido a devida atenção dos estudiosos e, menos ainda, das pessoas comuns. Simplesmente porque temos medo ou vergonha de nossas fantasias. Se eu lhe pedir para me contar um sonho seu, dos mais absurdos, certamente você o descreverá com riqueza de detalhes, sem qualquer constrangimento, fazendo até piadinhas das situações mais escabrosas. Afinal, é apenas sonho, uma historinha inventada pelo seu inconsciente pessoal para descarregar um monte de símbolos estranhos aprisionados em sua mente.

Quanto às fantasias, alto lá: elas são criadas, em parte, com o uso da consciência, para depois percorrer os caminhos deliciosamente insensatos dos devaneios. Assim, você se julga responsável por elas, figurações tão íntimas e reveladoras que sempre dizem algo sobre a verdadeira personalidade de seu criador... Além disso, parecem tão tolas, que temos vergonha de exibi-las até mesmo às pessoas mais próximas. Falamos com naturalidade sobre nossos erros, sobre sentimentos vis como raiva ou desejo de vingança e também sobre nossas limitações. Mas escondemos nossas fantasias como um tesouro que ninguém merece compartilhar conosco...

A psiquiatra americana Ethel S. Person, estudiosa do tema, relata que, numa entrevista para sua admissão num instituto analítico, um dos entrevistadores pediu a ela que lhe falasse sobre suas fantasias; mesmo com todo o seu preparo técnico, Ethel recusou-se a responder à pergunta, correndo o risco de ser excluída. Para sua surpresa, foi admitida; ela acredita que o entrevistador estivesse mais interessado na maneira como ela manejaria a pergunta do que com a resposta em si.

Lembro-me de uma passagem da engraçada comédia *Harry & Sally - Feitos um Para o Outro,* protagonizada por Billy Crystal e Meg Ryan. Harry, que se considera um bom aproveitador da vida e das mulheres, revela com naturalidade uma de suas fantasias, que vem na forma de um sonho recorrente: ele está fazendo amor diante de jurados, que, em média, lhe dão nota 9,5; mas no júri está sua mãe, que lhe atribui um mísero 6. Ele fica arrasado.

E quanto a ela? Qual a sua principal fantasia? Sally fala de um sonho que também se repete. Um homem, desses tipos sem rosto, se aproxima e rasga suas roupas. "E então?", pergunta o garanhão, entusiasmado. "O sonho acaba", ela responde. Harry fica inconformado. "E esse sonho nunca varia?" "Às vezes", diz Sally. "Em que parte?", insiste o rapaz, curioso. "Às vezes varia a roupa que eu uso..." Nunca saberemos se ela disse toda a verdade ou se ocultou alguma parte temendo ser considerada insaciável ou vulgar pelo recém conquistado amigo.

Quando se fala em fantasia, quase sempre associamos a esse ato imaginativo alguma conotação erótica. Meias pretas, sutiãs meia-taça de rendas, saltos agulha finíssimos, algemas, chicotes e outros fetiches são largamente propagandeados pelos meios de comunicação de massa. Atualmente, jornais e revistas "respeitáveis" mantém colunas de classificados com serviços eróticos de toda natureza, além dos comerciais e programas de TV veiculados após a meia-noite para a venda de sexo. Por que tamanho apelo sexual? Existe uma identificação quase imediata de fantasia com sexualidade; matérias sobre a importância da fantasia no prazer estão presentes mensalmente em revistas masculinas e femininas.

Valorizada ao extremo, assim como o endeusado orgasmo – sem o qual, segundo apregoam, parece impossível a um ser humano comum viver e ser feliz – parecem ter vindo mais para confundir do que para explicar, como apregoava o Velho Guerreiro Chacrinha...

As fantasias eróticas são normais e necessárias; surgem como organizadoras dos conflitos e das experiências infantis; dependendo de como as manipulamos ao longo da vida, podem se tornar marcantes ou sofrer transformações com o tempo. Em geral dizem respeito ao "tipo" de parceiro, lugares preferenciais, vestimentas bizarras ou situações estranhas, chegando mesmo à humilhação e degradação, beirando então à pornografia. Cada adulto tem um padrão erótico particular – o que para um é aceitável, para outro pode parecer aberração; em geral, elas tomam um formato mais definitivo por volta do final da lactência ou da adolescência e se baseiam na história particular de cada indivíduo.

Certas fantasias eróticas podem estar tão bem escondidas em seu conteúdo simbólico que sequer parecem ter conotação sexual. Algumas paisagens, cores e até mesmo objetos "inocentes" podem evidenciar conteúdos eróticos. Também o excessivo amor e dedicação de um filho em relação à sua mãe pode ocultar um complexo de Édipo mal resolvido; é aceitável, simbolicamente, que o menino veja no pai um "concorrente", posto que ama sua mãe. Em geral, à medida que vai passando pela adolescência, vai solucionando esse conflito a partir do momento em que começa a "imitar" o pai, indo em busca de uma companheira para si mesmo, dando início à fase de namoros.

Quando isso não acontece, o pai passa a ser odiado "de verdade" e a mãe se transforma na deusa (uma Virgem-Maria?) intocável, à mercê do terrível algoz. Esse desvio da sexualidade em geral é compensado pela masturbação, pelo celibato ou pelo homossexualismo. O mesmo caminho é percorrido pela filha, que em algum momento começa a odiar a mãe na disputa pelo pai para, em seguida, pouco a pouco, ir-se identificando com ela até buscar um parceiro apropriado para satisfazer sua sexualidade. Sempre é possível analisar as raízes causadoras de uma fantasia; nem sempre, porém, é possível ou recomendável eliminá-la ou substituí-la. Cada caso é um caso, por isso nada de condenar qualquer atitude "estranha", simplificando como tara ou perversão, caso você não tenha bom conhecimento do histórico que envolve a situação.

Existem também as fantasias chamadas tranqüilizadoras do Self. Nessas situações, a pessoa desenvolve uma âncora – um artifício – que lhe traz a sensação de bem-estar. No filme *Como Eliminar Seu Chefe*, Jane Fonda, Dolly Parton e Lily Tomlin são três secretárias assediadas e humilhadas pelo chefe, vivido por Dabney Coleman. Cada uma delas fantasia uma maneira diferente de castigar o malfeitor machista e insensível, satisfazendo-se com seus sonhos lúcidos. Ocorre que Lily Tomlin imagina matá-lo usando veneno de rato para "adoçar" o cafezinho que ele ordenara que ela preparasse. Tarefa cumprida, ela dá as costas com desdém; por um descuido, ao tomar a mistura balançando-se na cadeira de executivo, ele engasga, cai, bate a cabeça e desmaia.

Parecendo morto, começa a confusão no escritório, que vira de pernas para o ar, com as três estrelas engraçadíssimas tentando dar fim ao corpo, Lily morrendo de culpa... O que parece piada é um recurso bem comum na vida real. Muitas vezes "assassinamos" pessoas próximas na nossa imaginação (pais chatos/doentes/intrometidos, maridos infiéis, patrões despóticos, vizinhos infernais) e nos desculpamos através da permissão benevolente da fantasia (afinal, era só "de mentirinha"...) Hummm, que alívio!!

Mesmo assim, há momentos em que nos julgamos culpados, confiando exageradamente no nosso poder de magia negra. Particularmente acredito que quando pensamos coisas ruins a respeito de alguém, mais do que endereçar maus fluidos à pessoa, nós é que estamos em sintonia com as baixas freqüências; portanto, um mal pensamento direcionado a quem quer que seja traz mais prejuízos a nós mesmos que aos outros. No entanto, em algumas situações não resistimos à tentação de nos "aliviar" através de alguma crueldade fantasiosa, que nos satisfaz como se fosse real.

Há também as fantasias românticas, que ocultam desejos como o de união, de complementação sexual, de cumplicidade. Na cultura Ocidental, o arquétipo do príncipe encantado(r) persiste no inconsciente coletivo das mulheres desde a mais tenra idade. A maioria sonha acordada com seu dia de princesa (até eu mesma, no meu vestido de festa!); tradicionalmente a fantasia se realiza no début da adolescente ou na cerimônia de casamento cheia de véus, grinalda, bolo, champanha e outros quesitos. Não é de admirar que a princesa Diana tenha atraído tanta simpatia e sua morte causado tanta comoção; sua trajetória representava, em parte, nosso conto de fadas ao vivo, embora com final infeliz.

Sem dúvida, para a maioria de nós, a imagem do príncipe sonhado não combinava muito com a de um sujeito orelhudo, de nariz aquilino, ares de sonso e com uma amante publicamente assumida. A princesa parideira, desprezada pela família real, frágil a ponto de somatizar consecutivas crises de bulimia, de repente criou brios e expôs-se como uma mulher bonita, corajosa, pronta a assumir seus erros – dentre eles o casamento, sua insatisfação e casos extra-conjugais – e fazer algo de útil na vida, deixando de ser um bibelô da realeza para envolver-se com importantes questões sociais, abraçando a causa das crianças órfãs, dos miseráveis e dos aidéticos.

Saindo das páginas de nossos roteiros imaginários, ela se projetou mundialmente servindo de modelo para as traídas, as humilhadas, as inferiorizadas, as incapazes. Quando nossa heroína parecia ter concretizado seu sonho de mulher, conquistando e "pondo nos eixos" um playboy milionário, eis que a tragédia se abate sobre ambos, consternando o Reino Unido e o resto do mundo. Mas, o sonho não acabou. Deparei com dúzias de adolescentes folheando revistas e suspirando pelo príncipe herdeiro, o bonito Henry Charles Albert David. Diana deixou sua contribuição fabricando um príncipe "de verdade", ao menos no imaginário juvenil...

Existe também a chamada fantasia global, assim definida pelos psicanalistas Morton e Estelle Shane. Elas são capazes até de determinar a vida de uma pessoa. Um caso citado por Ethel S. Person relata que um homem com fantasias sexuais de natureza masoquista deixou que esse sentimento invadisse sua vida profissional. Apreciando ser acorrentado por prostitutas, assim assumindo seu lado "sofredor", esse homem incorporou a idéia de autodestruição também no trabalho, encobrindo um grande erro de um colega de trabalho e levando toda a culpa por isso, sendo conseqüentemente demitido.

Conheço vários casos de princesas suburbanas que almejam vida de realeza em vez de vida real. E de maridos vassalos que fazem de tudo para satisfazer suas deusas, a custas de horas-extras, saúde prejudicada, má alimentação, tornando-se verdadeiros farrapos humanos a pretexto de lhes proporcionar um vestido ou um par de sapatos caríssimos (já que mais do que isso seria impossível). Cuidado, senhoras e senhores! Olho nas fantasias, que podem embaçar sua visão da realidade e tornar-se pura obsessão sem eira nem beira!

Certos devaneios acompanham nosso desenvolvimento, modificando-se um pouco em cada fase da vida. Como a garotinha que primeiro sonha em ser professora, depois bailarina, apresentadora de programa infantil, acabando por decidir-se pela carreira de historiadora. O sonho é basicamente o mesmo: ter uma vida profissional de destaque; o conteúdo vai variando de acordo com os modelos e ídolos de cada época; esse tipo de fantasia é chamada *geradora*.

Existem também aquelas que podem ser produtivamente compartilhadas, a partir de uma base única; como o caso da Turma do Casseta e Planeta – todos tinham jeito pra coisa, mas nenhum se arriscou em carreira solo. O sonho de fazer humor *non sense* era comum a todos e se realizou conjuntamente; essas são do tipo *congruente*. Já as do tipo *complementar*, envolvem parceiros que criam imagens opostas: quando uma mulher com fantasias de dominação encontra um homem que sonha ser dominado, se me permitem, junta-se a fome à vontade de comer...

O lado bom da fantasia é que ela funciona como reguladora de nossas emoções. Ela nos permite curar ou remediar feridas do passado, superar velhos conflitos, colocando-nos em paz. Certos devaneios são capazes de nos acalmar ou nos estimular positivamente, levando-nos na direção desejada. Podem servir como uma espécie de ensaio de vida, onde escolhas e ações futuras são testadas. Em geral, surgem de um estado de frustração, de um sincero e necessário desejo de mudanças, subvertendo a situação atual. Tudo isso é muito bom e pode ser aproveitado para dar um impulso decisivo às nossas vidas.

Mas, quando cstamos desequilibrados, seu lado negativo pode prevalecer, criando em nós neuroses e insatisfações profundas. Aí, nada nos parece suficientemente bom ou adequado, desprezamos aquilo de que dispomos, deixamos passar oportunidades, porque a realização está lá longe, flutuando na cabecinha avoada do sonhador. Ao se dar conta disso, cuidado: é momento de entrar em contato com a realidade à sua volta através de seus sentidos impedindo que ela domine sua vida por completo.

O uso da imaginação talvez seja a mais poderosa âncora emocional de que nos podemos valer. Como é bom transcender o tempo e estar com a pessoa amada naquele final de semana romântico que tivemos na semana passada; ou imaginá-lo agora entre seus afazeres diários, sentado na sua mesa de trabalho, despachando papéis e pessoas inconvenientes... E senti-lo no futuro, daqui a poucas horas, quando receberemos o abraço e o carinhoso beijo de boa-noite. Quanto reconfortantes são estas imagens e quão terríveis se empregamos nosso poder de fantasiar na direção de projetar mentalmente (e fisicamente, por tabela) raivas passadas ou futuras, medos estranhos, tristezas infinitas. Há pessoas que se utilizam tanto dessas metáforas criativas – gente que se diz "frágil como cristal" ou "forte como um touro" –, que acabam incorporando a imagem e tornando esse estigma real. São do tipo que "quebram facilmente", "se estilhaçam", "se despedaçam". Ou saem por aí "dando chifradas", "atropelando", "soltando fogo pelas ventas"... Tudo isso é poder da imaginação.

A mesma força imaginativa tem sido usada através da poderosa técnica da visualização criativa para promover a cura de males físicos e mentais. Haja poder, e o poder é todo seu! Use-o com sabedoria para encontrar energia extra quando estiver desanimado; para programar as ações que direcionarão seu futuro ao ponto onde quer chegar; para ter um corpo perfeito e saudável; para viver relacionamentos em clima de amor e serenidade. Vista a fantasia e seja feliz!

Rasgando a Fantasia

Às vezes ocultamos nossas fantasias de nós mesmos, desperdiçando seu rico conteúdo simbólico. Como podemos nos sentir constrangidos ou ameaçados ao compartilhá-las, seria útil, pelo menos, encará-las. Assim:

• *Escreva uma de suas fantasias infantis*, como quem escreve um conto de fadas. Assinale com um lápis ou caneta colorida os símbolos que mais chamarem sua atenção na história.

• Reescreva uma história de ficção contendo os mesmos símbolos, agora com linguagem e visão adultas. Compare as histórias e veja quanto delas você já realizou na sua vida. Se algo parecer nocivo ou entediante, fique esperto e substitua esses padrões: você é capaz de escolher outras fantasias sempre que quiser!

Fugindo de Si Mesmo

À beira do leito contemplo aquela triste e pálida criatura. Pouco convívio tive com esse tio distante, hoje esquecido na UTI de um hospital público, onde pobreza e desolação são marcas registradas. O câncer minou quase todo o seu estômago, que foi extraído em grande parte. Agora, só a boa vontade – a sua própria e a de Deus – lhe permitirão prolongar a vida por algum tempo.

Lembro das bebedeiras, das brigas semana sim, semana não. Naqueles tempos, classe média não tinha telefone. A viatura policial vinha, às tantas da madrugada, comunicar a meu pai, num ato de consideração, que o cunhado arruaceiro fora preso mais uma vez. Este, pacientemente, sem nunca blasfemar um pio, enfiava as calças sobre o pijama e lá ia, como bom policial da ativa, tentar abrandar o tratamento do pobre infeliz na cadeia.

Dizem que começou a beber bem cedo, logo que o casamento foi a pique. Apaixonado pela primeira namorada, obrigou meu avô a emancipá-lo para poder casar antes dos 21 anos. Assumiu os negócios da família e, em pouco tempo, dada a decepção no relacionamento, pôs tudo a perder e iniciou sua caminhada pelas trilhas obscuras da embriaguez.

Falo com tristeza sobre essas lembranças da infância e já sofri algumas críticas pela maneira sincera com que exponho a mim mesma e a pessoas de meu convívio mais próximo; tenho telhado de vidro e faço questão de mostrar que problemas emocionais são muito mais comuns do que se imagina e estão presentes na história de qualquer ser humano. Gosto de falar do que sei e do que vivi, porque é preciso encarar essas experiências e tentar extrair delas algum aprendizado para que possam fazer sentido em nossas vidas.

Acompanho o drama de uma amiga que enfrenta as crises do filho adolescente em relação às drogas; freqüenta vários grupos de apoio aos familiares e associações de recuperação. Comenta seu problema e conclui que a questão dos vícios é muito mais comum do que se possa imaginar. Não há ninguém de seu estreito relacionamento que não compartilhe dessa experiência, mesmo que seja um tanto à distância, como eu e meu quase desconhecido tio. Sempre há um vizinho, um parente que vivenciam esse emaranhado da dependência. Muitos tentam jogar areia sobre o assunto, tal como os gatos costumam enterrar sua sujeira, mantendo a pose. Alguns se omitem, outros tentam, em vão, prestar socorro. Afinal, o dependente químico, na maioria das vezes, não admite precisar de ajuda nem quer ser ajudado.

O que se esconde atrás da atitude desesperada do viciado? Quanto medo, quanta frustração, quanta ansiedade reprimidos nos confins do inconsciente são necessários para que a pessoa perca a dignidade, a saúde e a própria identidade? Visto de fora, o quadro apresenta algumas características comuns, fáceis de ser apontadas. O dependente evita, a todo custo, o que é inevitável: a responsabilidade por si mesmo. Mas a irresponsabilidade e o desrespeito transcendem o seu próprio eu e invadem a vida alheia, transformando a convivência num inferno. Quantas noites mal-dormidas, quantos sonhos interrompidos, quantas horas à beira da cama para tratar do descuidado que caiu e quebrou a cabeça; ou que sofre dores horríveis nas crises hepáticas; ou que anda de um lado para outro, vagando pela casa feito alma penada, tentando inutilmente manter um certo controle enquanto descontrola toda a família?

O dependente assume – e parece mesmo apreciar – o papel de vítima. A exemplo do bêbado de "O Pequeno Príncipe", ele bebe para esquecer que tem vergonha... de beber! O círculo literalmente vicioso se perpetua: a irresponsabilidade leva à desmotivação, e esta ao fracasso, que conduz à culpa, e desta ao vício, que reforça a iresponsabilidade.

A autoflagelação é a conseqüência natural e se reflete na falta de cuidados pessoais – banho, barba, vaidade nas mulheres, asseio do vestuário – e na falta de motivação e perspectiva de futuro. Aliás, a relação do dependente com o tempo não existe: como ele não constrói seu presente, não tem passado em que se apoiar nem vislumbre de um amanhã melhor. Ele não conta com ninguém e é do tipo "não contem comigo". Considera-se o efeito de tudo, nunca a causa (a mulher, o marido, os filhos, o emprego, o chefe, o Estado são umas pestes...).

No âmbito social é intratável, pois se vai a uma festa não consegue se integrar naturalmente, dependendo da bebida/droga para "se soltar". Aí torna-se inconveniente, primando por três perfis básicos: o chato deprimido; o valentão exaltado que se põe a falar alto e procurar briga; e tem também o engraçadinho, que se torna o bobo da corte, mas, quando cai na real, morre de vergonha. Como o caso de executivo que se põe a dar voltas ao redor da mesa, de quatro, imitando cachorro; ou da *socialite* que adora fazer *strip-tease* depois da quarta dose. Os tipos violentos atraem sobre si problemas legais resultantes de agressões e atropelamentos.

No trabalho, os dependentes atrapalham o quadro de produção pois não são confiáveis, (quando mais são necessários podem faltar por uma crise de ressaca ou apatia); na família, causam mal-estar aos filhos, à esposa – ou marido – culminando na separação e conseqüente estado de solidão. São, em suma, grandes criadores de problemas. E quem precisa de alguém para criar dificuldades quando a vida já apresenta tantas surpresas indesejáveis?

Sabendo ou não, o dependente se propõe a um lento e eficaz suicídio. As drogas vão minando seu fígado, órgão depurador e, consequentemente, afetam a visão. O aparelho digestivo é corroído. O sistema nervoso é abalado irremediavelmente (lembre-se: neurônio estragado é neurônio perdido); seus reflexos diminuem, bem como a capacidade de raciocínio; a memória se torna fraca e confusa. Lesões nesse órgão precioso e delicado que é o cérebro se mostram irreversíveis; danos à mente também são marcantes, manifestando-se através de alucinações que podem culminar em paranóia ou esquizofrenia. O trato com a realidade se torna difícil, pois já não é possível distinguir as fantasias do que é real.

Vários caminhos conduzem ao vício, desde a primeira inocente tragada ao porre juvenil, das viagens alucinantes de protesto dos anos 70 à indecência do crack que vitima crianças de rua, inocentes e sem recursos. Quase sempre o ponto de partida é a busca de prazer. Nos Estados Unidos, estudos recentes têm demonstrado que a deficiência de um neurotransmissor cerebral conhecido como dopamina estimula as pessoas a buscar, através de substâncias químicas, mais prazer e bem-estar. Foi constatado que álcool e heroína liberam dopamina, enquanto cocaína e crack bloqueiam sua absorção.

Símbolo do charme e da liberação de várias gerações, o fumo, apesar do aspecto elegantemente inocente, tem ganho ares de vilão em todo o mundo. O governo norte-americano percebeu que gastava mais em tratamentos médicos de fumantes – geralmente assolados por cânceres generalizados – do que arrecadava em impostos, por mais pesados que fossem. Assim, estabeleceram guerra ao fumo, entrando em acordos com as companhias de tabaco nunca antes imaginados, visando explicitamente diminuir seu consumo.

O álcool talvez seja a droga mais sedutora e perigosa, pois, aceita socialmente, habita os lares, as festas, as comemorações sem a reprovação explícita dos que lhe são contrários. O copo na mão torna-se uma espécie de companhia, uma âncora visual/cinestésica em que o bebedor se apóia para o convívio social. Chega a funcionar como símbolo de status, pois dependendo de seu conteúdo pode denotar um tipo endinheirado (uísque de primeira linha), descontraído (chopinho, risos e barriga), sofisticado (conhaque, licores, vinhos finos) ou moderninho (tequila, vodca ou qualquer trago da moda).

Fazendo da bebida um meio de integração, o alcoólico perde a noção de seus limites saudáveis e vai abusando sem perceber que passou da conta. Um amigo me conta que, numa fase ruim de sua vida, com a empresa prestes da fechar, passou a tomar uma dose de uísque diariamente ao chegar em casa. Depois eram duas, três. Lá pelas cinco da tarde, tal como o cão condicionado por Skinner, já começava a sentir água na boca só de pensar que, dali a pouco tempo, estaria em casa, saboreando seu uisquinho... Foi assim que percebeu que o prazer estava se tornando vício, optando por parar.

Como o dependente adora ser irresponsável, a bebida é excelente desculpa. Conheci uma mulher que se embriagava por volta terceira dose e, logo em seguida, "soltava a franga". Algumas vezes a vi sair de bares carregada por algum amigo em atitude cavalheiresca e ela ali, se fazendo de coitadinha indefesa. Em geral, não pagava a conta, pois, sem discernimento, deixava que "os amigos" cuidassem também desse detalhe. No dia seguinte, apoiada pelas crises de "apagamento" comuns aos bêbados, alegava simplesmente não se lembrar de nada, não assumindo qualquer responsabilidade por seus atos (nem mesmo os sexuais!!!).

As drogas liberam também o alter-ego, a sombra, o eu oculto. Ímpetos de valentia são comuns aos dependentes no ápice do barato total. Segundo o analista junguiano Luigi Zoja[1], "o Ego do dependente de drogas parece ser facilmente devorado não só pelos efeitos da substância, como também por todo tipo de emoções intensas e primitivas, não por acaso análogas àquelas que a própria substância lhe porporciona".

Zoja aponta também dois fatores fundamentais para o grande número de insucessos computado às psicoterapias como meios para livrar o indivíduo da dependência. Em primeiro lugar, segundo ele, existe a divergência entre a medicina e a psicologia sobre o método eficaz de "cura" do dependente; enquanto a medicina acredita que a desintoxicação restituirá o estado de saúde ao viciado, a psicologia enxerga o tóxico não como o mal em si, mas como um reflexo da situação indesejável que o dependente procura superar (solidão, falta de aceitação/integração, timidez, frustração, medo, etc.).

O outro ponto básico é que a medicina pode ser adotada à revelia da vontade do paciente (é possível medicar alguém quimicamente e obter respostas do seu corpo), enquanto que a psicologia só apresenta resultados se contar com a participação do paciente, que se disponha e esteja motivado a reverter uma situação. Ou seja, mesmo eliminando qualquer vestígio de intoxicação do fígado atormentado de um dependente, se a causa de sua infelicidade continua existindo, não é possível considerá-lo curado, pois ele tornará a buscar, através de seus limitados recursos – as drogas, no caso em questão – o alívio para seus estados emocionais indesejáveis.

Nisso reside o sucesso de instituições como os AA (Alcoólicos Anônimos) e N.A. (Neuróticos Anônimos). Ali o dependente toma consciência de que é possível reverter a situação e de que é preciso responsabilizar-se por si mesmo por toda a vida. Pertencer – de corpo e alma – aos AA significa dizer adeus à bebida para nunca mais. Ele se apóia no exemplo dos colegas anônimos e, ao mesmo tempo, dá apoio, como numa corrente em que todo elo, por menor ou mais frágil que seja, é igualmente importante. O sigilo em que são mantidos, como num pacto de honra, é também imprescindível para o sucesso da organização que tem se revelado muito mais eficiente que diversos tratamentos caros e personalizados em clínicas especializadas na desintoxicação de dependentes.

Drogas mais pesadas como a maconha (considerada tão "ecológica" na visão de nosso deputado Fernando Gabeira...), o LSD, a cocaína e o crack podem causar danos irreversíveis. A inocente maconha, apesar de induzir o relaxamento, pode conduzir à impotência, diminuindo também a produção de óvulos nas mulheres. O LSD causa alucinações que podem resultar em pânico, delírios e convulsões. A cocaína chega a provocar parada cardíaca e respiratória e colapso do sistema nervoso central; já o crack é capaz de provocar lesões cerebrais irreversíveis, além de ser uma droga de alto poder viciante, pois seu usuário sente uma vontade constante de inalar sua fumaça para fugir dos efeitos causados pela abstinência, dentre eles estado de depressão profunda. Sem contar o perigo de contaminação pelo vírus HIV para os que fazem uso de drogas injetáveis.

Mas isso não é tudo. O que dizer dos tranquilizantes, dos inibidores de apetite – as anfetaminas – que, combinados ao álcool ou outras drogas, podem ter o efeito de um verdadeiro coquetel Molotov, explodindo e danificando as cabeças de suas usuárias (em geral, essas drogas encontram maior procura junto ao público feminino). Se eu fosse você, mulher, pensaria duzentas vezes antes de me entregar à promessa fácil de um sono tranqüilo ou de um corpo escultural. Até porque a natureza feminina é ingrata e absorve em maior quantidade o álcool e os calmantes, por possuir mais gordura e menos água no corpo em relação aos homens. Lembrem-se: como no brinde maroto em *As Bruxas de Eastweek*, filme estrelado por Cher, Michelle Pfeiffer e Susan Sarandon, cada gole de prazer corresponde a um acúmulo enormemente desproporcional junto às barriguinhas e culotes, já que essas drogas possuem efeito lipotrópico, ou seja: são atraídas por tecidos gordurosos...

Um ponto importante destacado por Zoja no que se refere às drogas é o seu aspecto iniciático. Existem dois tipos de iniciação, a coletiva (como os ritos de puberdade, batismo ou casamento) e a iniciação individual (da qual somente alguns "eleitos" fazem parte, como acontece nas sociedades secretas ou no xamanismo, por exemplo). Na sociedade atual, os ritos foram eliminados, mas símbolos iniciáticos continuam existindo e vão sendo empurrados goela abaixo em certas passagens de nossa vida sem a devida compreensão, já que os rituais necessários à iniciação foram suprimidos.

Como diz a propaganda, "o primeiro sutiã nunca se esquece" – bem como, quase sempre, a primeira bebedeira. Dirigir um carro é um rito de passagem do adolescente para a idade adulta. Bem como usar batom e salto alto simbolizam que a menina já largou as bonecas e pode ser considerada uma "mocinha". Num casamento, embora se perca muito tempo e energia com o vestido da noiva, os convites, a lista de presentes e o bolo, o que deveria de fato valer seria o simbolismo oculto no anel, ícone da verdadeira aliança entre dois seres. Mas, tudo vai sendo feito sem a valorização do lado espiritual ou anímico que só um autêntico rito de iniciação é capaz de conter; a conseqüência pode ser a busca equivocada da iniciação – e de seus aspectos liberalizantes e compensadores – através das drogas de qualquer natureza

Não vou entrar aqui em detalhes um tanto sensacionalistas como o consumo excessivo de açúcar, gorduras, chocolates, café, coca-cola, sexo ou qualquer outro prazer que possa levar à dependência. Afinal, ninguém é de ferro... Por isso mesmo, lembre-se de que você tem uma mente atemporal inconsciente e que esta é capaz de lhe proporcionar alívio, motivação, relaxamento, euforia, tudo aquilo que a mais pesada droga é capaz de prometer – e não cumprir, ou cumprir parcialmente... Baratotal é estar bem dentro de si mesmo, com a doce euforia da alegria e um profundo sentimento de paz.

Só por hoje(*)...

Só por hoje manterei o controle emocional. Só por hoje serei feliz.

Só por hoje procurarei viver este dia apenas, sem tentar resolver todos os meus problemas.

Só por hoje fortificarei minha mente aprendendo algo proveitoso; não serei um ocioso mental, lerei coisas que exijam esforço, raciocínio e concentração.

Só por hoje serei agradável, manterei uma aparência tão boa quanto possível, falarei com suavidade, não procurarei melghorar ou corrigir ninguém, senão a mim mesmo.

Só por hoje terei um programa de ação; talvez não o siga completamente, mesmo assim tentarei

Só por hoje procurarei meditar e me livrar de dois grandes males: a pressa e a indecisão.

Só por hoje me manterei confiante na certeza de que assim como eu der ao mundo, assim o mundo também me dará.

(*) Baseado nos “7 Lemas” da organização Neuróticos Anônimos (N.A.)

Se você precisa de ajuda, ligue: N.A.: (0xx11) 228-5852. Alcoólicos Anônimos (AA): (0xx11) 3315-9333

FAMÍLIA

Parente Também é Gente

Para Elena e Adão,
Rosa e Hortêncio,
Hortência e Laércio,
Para Elódia,
Sonia, Ana e Fernando:
Gente importante, minha Família

Em Nome do Pai

Acordo com os olhos grudados, pálpebras inchadas e doloridas. Corro ao lavatório, aplico água com uma das mãos enquanto a outra tateia o pote de algodão, retirando um generoso chumaço. Ando até a cozinha, abro a geladeira em busca do frasquinho de água boricada. Enxarco a pelota de algodão e levo ao olho esquerdo, num arrepio de alívio. Penso nos aborrecimentos há pouco passados e nos que virão. Olhos, espelho da alma. Ou do fígado, na visão da milenar medicina chinesa. Do humor, da habilidade – talvez pouca – de processar, depurar, lançar mão dos venenos que insistimos em reter dentro de nós.

Não querer ver, não aceitar, manter a visão reta e direta, sem os soslaios necessários dos olhares periféricos. Congestão, estagnação, prurido e dor. Muitos anos atrás, comportamentos reticentes me levaram a uma cirurgia chata, para extrair um calombo, um terçol encruado que insistia em ficar ali, deformando meu olho esquerdo e conferindo traços de melancolia às minhas feições. Na flor dos vinte e um anos, eu me sentia o próprio Quasímodo, um olho menor que o outro e aquela saliência calosa, que insistia em me acompanhar.

Foi o Dr. Mateus quem me salvou. Oftalmologista iminente, era médico de minha mãe desde a infância, quando foi detectado seu alto grau de miopia, coisa complicada naqueles tempos, porque obrigava uma garotinha sapeca a tomar ares de executiva por detrás de armações pesadas e lentes grossas, que tornavam o olhar miúdo. Passando a enxergar o mundo em suas reais dimensões, minha mãe cultuava o Dr. Mateus como um anjo protetor. Eis que aos 21 anos, a pelota resistiu às compressas quentes e ao truque da aliança de ouro (que deveria ser friccionada na palma da mão até ficar tão quente que quase não se pudesse tocá-la para, em seguida, ser aplicada sobre o local). A solução surgiu então na figura do mágico Dr. Mateus.

Resisti o que pude, mas tive de me render ao bisturi. Durou pouco mais de meia hora, entre anestesia, extração e aqueles pontos pretos grosseiros, certamente rejeitados por qualquer aprendiz da alta costura. Recuperação a jato: em um dia tirei o tampão, mais dois extraíram-se os pontos e... perfeito!!! Uma cicatriz imperceptível, encoberta pela dobra da pálpebra, trabalho de mestre, do mestre Mateus. Recomendou-me cuidado, a infecção era causada por um vírus que poderia voltar. Principalmente no inverno, quando nossa resistência esmorece, enquanto os danados dos vírus parecem tomar fortificante...

Todas as lembranças vieram à memória naquela manhã fria, enquanto eu aplicava o chumaço gelado sobre a pálpebra inchada. Tentaria para hoje mesmo uma consulta com o meu salvador, impedindo que a história se repetisse. "Consultório", responde a voz do outro lado. "Incrível", pensei, "depois de todos esses anos, ele ainda está lá, no mesmo lugar..." Busco ansiosa um horário, mas, para minha decepção, a gentil recepcionista me diz que o Dr. Mateus aposentou-se, deixando a clientela aos cuidados da filha. Marquei hora mesmo assim, estranhando um pouco sua disponibilidade imediata.

Realmente as coisas mudaram por ali. À exceção do endereço, que continuava o mesmo, as paredes agora exibiam um trabalho sofisticado de pintura, quadros e outros objetos de arte, tapetes grossos e iluminação indireta – pouco apropriada para quem deseja poupar os olhos de esforços desnecessários, pensei. Olhei o diploma na parede e percebi que a moça se formara há pouco mais de um ano.

Senti os joelhos afrouxarem ante a perspectiva de entregar meus olhos assim, de bandeja, a uma novata, ainda que filha de Mateus. As pernas bambearam ainda mais quando soube o preço da consulta – praticamente o dobro do preço médio cobrado por qualquer especialista. "Para mim, o melhor", repeti a mim mesma, resistindo ao impulso de sair correndo dali. Não daria mesmo tempo. A porta do consultório se abriu e uma mulher bonita, muito bem vestida e maquiada me recebeu formalmente.

Nem de longe a simpatia do pai; munida de aparelhos sofisticados e nenhum sorriso, a Dra. Ana limitou-se a olhar. Nenhum toque, nenhum gesto de cordialidade; as perguntas eram objetivas e a resposta veio rabiscada numa folha de receituário onde a Dra. prescreveu um antibiótico. Já na porta, elogiei o bom gosto da decoração; por fim ela abriu um sorriso e disse ser assinada por ela. Um breve diálogo teve início e pude então perceber o porquê de tanto mal-estar.

Aquela mulher de trinta e poucos anos, queridinha do papai desde a infância, sempre fez o que bem quis. Formou-se arquiteta, destacou-se como designer de móveis no início da carreira; vivia sonhando, criando suas casinhas de boneca. O irmão mais velho herdara os dotes e a clientela do pai, sendo ele também um oftalmologista dedicado, embora um tanto entediado, conforme ela relatou. Do tipo bem-comportado, Rafael tinha uma única "loucura": motocicletas. Montado naquelas engenhocas mecânicas, o jovem médico se transformava, ganhava asas e abusava da velocidade. Com a "abertura dos portos" na era do então presidente Fernando Collor, pôde importar um modelo sofisticado e muito potente, que durou pouco, esmagada numa estrada por um caminhão conduzido por um motorista bêbado. Ali terminou a história de Rafael e se iniciou um novo capítulo na vida daquela jovem, que contava então vinte e poucos anos.

Desgostoso, o pai perdeu a vontade de viver. Descuidou de tudo, aposentou-se de vez, dispondo de quase todo o seu patrimônio através de maus negócios. O consultório sempre fora sua grande paixão, seguida pela família; num mágico instante, tudo estava acabado. O Dr. Mateus entrou num profundo estado de depressão e quase foi à loucura. Emocionalmente desequilibrada, Ana também já não criava mais nada. Vitimados não apenas pelas mudanças estruturais em suas vida mas também pela insensatez imposta por sucessivos planos econômicos, pensaram em desativar o consultório.

Ao acompanhar um corretor de imóveis na avaliação daquele lugar tão amado, Ana decidiu dar a virada: voltou aos estudos, encarou um vestibular dificílimo e entrou na faculdade de medicina. Deixou ali, segundo ela, os melhores anos de sua vida; não namorou, não viajou, não se casou, porque era uma aluna medíocre e tinha de se dedicar em dobro para alcançar os mínimos resultados exigidos; cada minuto contava, pois mais poeira se acumulava no imóvel abandonado. Até o dia em que conseguiu realizar seu objetivo.

O tempo passou e a clientela se fora, mas, aos poucos, através do prestígio do pai, boa parte ela conseguiu recuperar. Aos trinta e poucos, Ana começava de novo, com a única satisfação de devolver um pouco de luz ao olhar embaçado do Dr. Mateus. Por trás de tudo aquilo, sua frustração e muito esforço. Atualmente, trabalhava o mínimo possível, cobrando o máximo. Mesmo assim, abandonara a prancheta e os sonhos de criar um mundo esteticamente mais encantador. Saí de lá com algum alívio e uma certa dose de melancolia. Tudo o que me veio a cabeça, passada a aflição do olho inchado foi: "Valeu a pena?"

Quando se fala em herança, sempre nos vem à mente a idéia romântica dos enredos de ficção: ações, dinheiro, propriedades deixados para nosso desfrute por alguma tia solteirona ou o avô ricaço, que Deus os tenha. Coisas boas capazes de nos proporcionar a grande virada em novas nababescas vidas, realizando todas as nossas vontades. Mas o romantismo cai por terra quando nos defrontamos com as histórias reais de pais viciados que deixaram, ao partir, apenas e tão somente dívidas; dos tristes casos dos pais irresponsáveis que perpeturam na espécie o vírus HIV ou outras doenças sabidamente transmissíveis; daqueles que semearam o egoísmo, o machismo, a amoralidade, a ganância, o racismo e tantos outros traços marcantes de suas ignorâncias hereditárias.

A grande maioria das pessoas enxerga num filho seu ato maior de criação. A frágil criaturinha, de início, depende de você para tudo, o que lhe dá uma indescritível sensação de poder. Aos poucos, ela vai cavando sua independência: aprende a andar por si mesma, verbalizar suas necessidades e, pior, pensar com sua própria cabeça. Todo pai tenta dar ao seu filho o melhor que pode, embora muitos não se apercebam disso ou despertem para essa realidade tarde demais. "Você culpa seus pais por tudo; você diz que seus pais não o entendem, mas você não entende seus pais... São crianças como você... O que você vai ser quando você crescer?". Versos soltos de Renato Russo, da bela canção *Pais e Filhos,* ele próprio um pai estranho em sua bissexualidade, delegando aos avós a criação de seu único e acidental filho...

Nos recônditos miseráveis pelo Brasil afora, ainda há filhos que representam apenas uma ajuda de custo a mais no holerite dos pais, aumentando a fome, a marginalidade e as cabeças sem-teto deste país. Mas já não são tantos e, por mais ignorante que o pai seja, em geral busca proporcionar uma sina melhor que a sua a todos os seus descendentes. Todos se orgulham dos progressos dos filhos, por mínimos que sejam.

O bóia-fria dos confins do Nordeste se emociona ao falar da promissora carreira de ajudante de pedreiro que o caçula vem tentando no Sul Maravilha; ao final da reportagem, exibe, orgulhoso, o sorriso sem dentes mas com muita esperança. Rubão, como é conhecido o pai-tiete do piloto Rubens Barrichello, é pura veneração, mesmo ante os resultados minguados do filho na Fórmula 1. Marta e Eduardo Suplicy encaram com classe os acordes dissonantes do filho Supla, quem sabe escolados pelas tumultuadas sessões da Câmara e do Congresso, que também são um show de gritos desafinados, com direito a performances muito mais aberrantes e agressivas que as encenadas no palco por qualquer roqueiro, ainda que seja um heavy metal...

Alguns vão além dos sentimentos naturais de proteção e admiração e buscam sua própria realização através dos filhos. Até mesmo estrelas de maior grandeza, como no histórico caso do senador Antonio Carlos Magalhães, que projetou no filho Luís Eduardo o sucesso maior da carreira política, almejando vê-lo como presidente da Nação. Abdicou de sua própria vaidade e candidatura dando lugar ao filho, que acenava com todas as chances a seu favor; mas foi derrotado por fatores imponderáveis e imprevisíveis, uma surpresa chamada morte, quando tudo parecia ir tão bem.

Bom que Luís Eduardo abraçara com carinho a árdua tarefa de se preparar, jovem ainda, para dirigir este país; o irmão, Antonio Carlos, embora mais velho e igualmente embrenhado na selva política, parecia não levar tanto jeito pra coisa... Quem sabe um dia, se não lhe restar saída, venha a assumir a responsabilidade de trazer de volta o sorriso e os sonhos à vida do pai, que declarou, no momento de máxima tristeza, estar acabado. Como a Dra. Ana, no consultório, talvez Antonio Carlos Filho se anule por uma questão de honra, quem sabe num cumprimento cego ao quarto mandamento das leis de Deus.

Sob o peso da hereditariedade, muitos impérios ruíram. Os Matarazzo e tantas dinastias famosas em território tupiniquim chegaram à falência pela incompetência das gerações que não deram valor ao que encontraram prontinho, de mão beijada. Talvez suas vocações fossem mais extravagantes, como a de Paulo César Diniz, que mandou às favas o império Pão-de-Açúcar para se dedicar à velocidade. Outros não tiveram tanta sorte. Edinho não conseguiu ser mais que um goleiro sem muita expressão no Santos que consagrou seu pai, o rei Pelé, o melhor jogador do mundo, o atleta do século. O mesmo pai que recusou-se, até quanto pôde, aceitar a paternidade da filha bastarda. Erros da juventude consolidados por erros da meia-idade, pratos cheios para que condenemos nossos pais a qualquer momento da vida, principalmente quando sabemos muito pouco dela mas nos julgamos prontos para encará-la de frente.

É natural, na adolcscência, que "os bonitinhos dos papais" nos tornemos "rebeldes sem causa", ainda que tenhamos recebido atenção e oportunidades suficientes. Clamamos sempre por mais liberdade, por mais recursos, mais dinheiro. Somos nós contra o mundo, o poder dominante, a autoridade que nos castra e impõe limites. E essa autoridade, quando exercida mesmo que adequada e moderadamente por nossos pais, provoca em nós a revolta, o inconformismo, a impotência, fazendo com que transformemos em bandeira qualquer coisa que nos seja negada, do aumento na mesada à oportunidade de ir a uma festa.

A família é, sem dúvida, nosso campo de treinamento para que nos tornemos aptos a disputar as finais nos campeonatos da vida. E cabe a nossos pais o papel de treinadores, impondo os rigores da disciplina, a cobrança de resultados, a criação das estratégias para que desempenhemos com eficiência nosso papel social e humano. É certo que também são torcida; gandulas a recolher nossas bolas fora; juízes a nos enquadrar com seus pitos, apontando com o dedo em riste nossas falhas. Eles, os algozes;

os que já não sabem nada – porque, se um dia souberam, na certa esqueceram –, os que já não querem mudar o mundo. E nós ali, trazendo no corpo, à revelia, suas marcas, a imagem escarrada de seus enganos e acertos; somos sua sombra, sempre a seguir suas pegadas; muitas vezes, cara de um, focinho do outro. Herança, essa maldição do "sangue do meu sangue" que não se pode negar.

Em visita a uma amiga, fui surpreendida por sua aflição ao perceber que a filha de quinze anos ainda estava "lá embaixo" – no pátio do prédio onde moravam – passadas as dez horas da noite. Justo ela, que havia ousado em "nossa época", ainda bem jovem, viver a plenitude de um grande amor e engravidar de um professor casado quando cursava a faculdade, numa atitude madura e corajosa, embora pouco depois tenham legalizado a união. A filha em questão contava com crescidos 15 anos na época, e tal preocupação pareceu-me completamente despropositada.

Para mim, que nunca tive filhos com cinco, dez ou quinze anos, parecia razoável que uma adolescente de boa formação e precocidade escolar pudesse decidir por ela mesma o momento ideal de voltar para casa, até porque, a meu ver, ela estava praticamente "em casa". Mas minha amiga revidou com energia, falando qualquer coisa sobre o cumprimento de regras, o que me pareceu severo demais. Engoli meus palpites e baixei os olhos quando a garota levou sua bronca ao regressar pouco antes das onze badaladas, dando de ombros e se enclausurando espontaneamente no território sagrado do seu quarto. Compartilhei a aflição de minha amiga anos depois, em companhia de meu marido e sua filha tanto quanto adolescente e precoce.

Definitivamente, não somos "modernos". Os laços de afetividade são abalados a todo momento, repetindo-se para pais e mães as dores do parto. Oferecemos a eles nossos genes e muita vezes cobramos por isso. Esquecemos das aulas de química. Quando se juntam duas moléculas de hidrogênio com uma de oxigênio ante um processo alquímico, não temos mais nem um nem outro, apenas água. Assim são os filhos, terceiras pessoas singulares que insistimos em sentir como se vivessem em nós. "Ele é *parte* de mim". "Ela *se parece* muito comigo". Mas não são vocês...

Aí se criam as dificuldades, porque o desenvolvimento é inevitável, ainda que por caminhos conhecidos. Crescimento e discernimento. Crescimento e maturidade. Crescimento e separação. São outros os interesses e os caminhos só voltam a se encontrar muitos anos mais tarde, geralmente quando os filhos se tornam pais.

Vem então a compreensão das noites mal dormidas, da síndrome do Trem das Onze, famosa canção de Adoniran Barbosa que diz: *"minha mãe não dorme enquanto eu não chegar..."* São laços eternos. E não há informação ou esclarecimento que possa mudar o que vai dentro da alma. Para tais momentos de inconformismo paterno, só mesmo uma boa dose de relaxamento, meditação e confiança na vida.

É preciso viver e deixar viver. Não bastam as marcas genéticas indisfarçáveis que somos obrigados a carregar, que não tenhamos também de arcar com os desejos alheios nem a responsabilidade de dar continuidade aos negócios da família, que nem sempre refletem nossa legítima vocação. Geração após geração vimos conservando os mesmos erros e vícios, sem grandes progressos nessa questão sucessória. Bem disse Belchior: "Minha dor é perceber, que apesar de termos feito tudo o que fizemos, ainda somos os mesmos e vivemos como nossos pais(...) Nossos ídolos ainda são os mesmos e as aparências não enganam não. Você diz que depois deles não apareceu mais ninguém. Você pode até dizer que eu estou por fora ou então que estou inventando. Mas é você que ama o passado e que não vê que o novo sempre vem...".

Que possam as novidades ser recebidas por nós com sabedoria e sem cobranças. Quando herdamos um formato de nariz, uma diabetes, uma tendência à calvície, uma pele branca demais, negra demais, amarela demais, até isso pode ser mudado hoje em dia. O que dizer de uma padaria, um bisturi ou um emprego público? Tudo o que existe está aí para ser redescoberto e mudado sempre que assim o desejarmos, sempre que a mudança representar o caminho para nossa felicidade.

Que possamos então ser gratos aos nossos antepassados pela oportunidade de vida que tivemos; e moderados o suficiente para não despejarmos sobre nossos descendentes tarefas desnecessárias para a realização do objetivo maior de qualquer ser humano, do qual não se pode escapar, que é viver prazerosamente cada dia, até concluirmos nossa missão neste vasto sistema que chamamos de Universo.

Cuidado, Filhos!!

• Evitem blasfemar contra características físicas herdadas de seus pais. Atualmente a ciência dispõe de inúmeros recursos para "reformas estéticas", desde que você esteja certo de desejá-las.

• Pense bem antes de aceitar responsabilidades que não foram criadas *por* você mas *para* você...

• Sempre que estiver insatisfeito com uma atitude de seus pais, reflita sobre a idéia de que "eles estão sempre fazendo o melhor que sabem – ou podem."

Cuidado, pais!!

• Permitam que seus filhos exerçam o direito de escolha.

• Não usem seus filhos como espelho; respeitem a natureza e a individualidade de cada um.

• Reexaminem as regras e percebam em que ocasiões podem ser mais flexíveis.

Para pais e filhos

• Exercitem a gratidão, a tolerância, a flexibilidade, o companheirismo e as mudanças. Lembrem-se: independentemente dos laços familiares, somos todos cidadãos do mundo, parte de uma grande equipe.

Infância sem Rumo

Sabadão ensolarado, um convite à alegria de viver. Ligo a TV enquanto preparo o banho gostoso e revigorante após a noite bem dormida. Ante o volume estrondoso, me assusto com a gritaria; corrijo o engano apertando seguidamente a tecla reguladora do som. Mas os berros continuam. Baixinhos à beira de um ataque de nervos agitam os braços para cima ou para baixo, ao comando da apresentadora louríssima. Atropelos, correrias, lágrimas. Emoção. Em meio a bochechas carimbadas de batom e cenas do mais puro pastelão, a criançada se diverte. Será mesmo diversão?

Volto aos meus tempos de Pullman Júnior, com apresentadores mais recatados e carinhosos, que nos mostravam desenhos mais amenos, com rico conteúdo arquetípico. Alguns dirão que sou saudosista e que tenho apego à política maniqueísta dos modelos de herói que evidenciam a briga entre o bem e o mal. Não ligo pra torcida e continuo assistindo ao espertalhão Manda-Chuva, aos inocentes Jetson's, à inesquecível dupla Zé Colmeia e Catatau, agora pela TV a cabo. O que é bom é para sempre e isso tudo é muito bom.

Correndo pelos intervalos com o controle remoto na mão, deparo com a simpática figura da atriz Irene Ravache num discurso algo melancólico ao afirmar numa entrevista: "tenho saudades do meu tempo de escola, onde havia uma professora e não uma 'tia', onde os alunos se colocavam em fila, sim, por ordem de tamanho, para ter uma noção de organização e de espaço..." Eu também tenho saudade. Do bom comportamento que induzia o respeito ao próximo, das competições intelectuais em que os troféus eram coleções de livros com os clássicos de grandes escritores (e nunca tortas na cara!!), em que a curiosidade se voltava a coisas produtivas, experimentos verdadeiramente científicos (e não bichinhos virtuais que vivem e morrem "de mentirinha").

Lembro-me da vez em que o grupo dos geninhos da escola tomou para si a árdua tarefa de montar um esqueleto de galinha para o laboratório de ciências. Nessa época, longe do marketing spielbergniano, nós, terceiro-mundistas, sequer sonhávamos em ver de perto um esqueleto de dinossauro, lugar-comum nos museus de história natural nos Estados Unidos. Uma montagem com os ossos da ave mais ordinária destas paragens subdesenvolvidas estava de excelente tamanho, já que até mesmo o Disney World era um reino distante para os filhos da classe média; hoje, banalizado, chega a ser tão familiar quanto um final de semana em Santos...

O feito foi considerado uma aventura pela maioria dos colegas. Reunidos na casa de uma tia (de verdade), os moleques se puseram a assassinar a penosa; sem muita vocação para *Jack, o estripador*, tentaram em vão cortar o seu pescoço, sendo paralisados a tempo pela voz da razão – afinal, sempre existe um líder entre os geninhos: "Pára senão você vai estragar as vértebras cervicais, aí não dá pra montar o pescoço!" Optaram enfim por clorofórmio, a coitada desmaiou e teve uma passagem indolor desta para melhor. Depenaram o bicho – a duras penas, se me permitem o trocadilho... Arrancaram a pele e a carne (não lembro se aproveitaram para alguma iguaria, já que a tia era cozinheira de mão cheia e fazia umas coxinhas de dar água na boca...); secaram os ossos no forno (quase torraram!!). E no fim da aventura, a escola estadual ganhou um lindo esqueleto de galinha montado, osso por osso, pelas mãos de jovens cientistas com pouco mais de 12 anos!

Quando vejo a garotada das melhores e mais caras escolas particulares, por vezes me admiro com as preocupações vigentes. Consumismo ao extremo, desinformação, futilidade escapando através do vocabulário mal cuidado, da ostentação de inúteis objetos do desejo, da postura largada de quem estará eternamente esperando que o ônibus da vida o leve para algum lugar, desde que seja confortável, desde que seja seguro, desde que haja um eterno pai à espera para pagar as contas no final do mês.

A eles confiaremos o futuro do país, a paz mundial, a ecologia do Universo. Deles dependeremos se nos faltarem forças, recursos, idéias, coragem para ir adiante. São os nossos filhos, as crianças que embalamos há bem pouco tempo, que em breve constituirão famílias, serão responsáveis pela perpetuação e sobrevivência da raça humana e pelas memórias de nossos feitos, pela continuidade de nossas realizações.

Uma questão crucial é a dos valores. Os programas que rodam naquelas cabecinhas em plena era multimídia são implantados por nós. Somos nós os perdidos, péssimos comunicadores, inseguros ao transmitir nossas crenças, temerosos pelo amanhã que não soubemos construir. Eles são apenas o reflexo da nossa exigência, da nossa fraqueza, da nossa ignorância ante tantos mistérios que não conseguimos compreender. Às vezes são o suporte das nossas frustrações, o espaço sobre o qual projetamos o que queríamos ser quando crescêssemos, uma segunda chance para revelar os talentos que em nós foram reprimidos, nossas vocações, nossas paixões. Afinal, naqueles corpos franzinos e um tanto desengonçados pulsa a vida que se originou da nossa própria carne e de todo o esforço que essa carne padeceu para poder ser o que hoje é.

Assim vemos crianças perdendo a infância incentivadas por seus pais a se tornarem um rascunho grosseiro de apresentadora loura de televisão, imitando trejeitos, figurinos ridículos, sex-appeal, voz infantilizada, brincadeiras degradantes. Ou exigimos deles performances de atletas famosos – as quadras de tênis superlotaram a partir do fenômeno Guga –, o mesmo desempenho que nos foi negado ou que não tivemos capacidade e habilidade de alcançar. Mesmo com toda a nossa experiência e a minguada força de vontade. Mesmo apresentando o tempo (ou a falta dele) como desculpa inquestionável. Mesmo sabendo e engolindo em seco nossas fragilidades e nossa triste incompetência.

A pretexto de oferecer "cultura" aos nossos filhos, vamos encurtando seu tempo através de agendas superlotadas (assim, quando ele for um alto executivo, nem vai estranhar...); para evitar os perigos da rua – o vício, as más companhias, o ócio – enchemos suas 24 horas diárias com atividades "recreativas" que acabam se tornando mais uma entre tantas obrigações. E controlamos os pequeninos de longe, tarefa facilitada hoje em dia pelas tranqueiras eletrônicas como os pagers ou mesmo os indiscretos e inadequados telefones celulares.

Isso porque estamos ausentes, pouco carinho dispensamos a essas frágeis criaturas que tanto dizemos amar; adiamos suas necessidades; mentimos com naturalidade, com o maior descaramento somos capazes de dizer "depois o papai brinca com você"; "amanhã conversamos", "sábado a mamãe faz bolo de chocolate". Mentimos e acreditamos. E queremos que também acreditem que sabemos o que é melhor para eles...

No meu tempo de criança e adolescente – que, aliás, nem faz tanto tempo assim –, tínhamos uma única e honrosa profissão: estudante. E ninguém acumulava mais de um emprego. Hoje nossos heróis infantis são estudantes, atletas, artistas, bilingües, técnicos em computação, profissionais de vídeo-game, babás de cachorros (e dos terríveis monstrinhos eletrônicos), tutores dos irmãos menores, enfermeiros dos avós esclerosados, vigilantes das empregadas domésticas, captadores de recados. Ufa!! Nós lhes conferimos o poder e também toda a responsabilidade que o poder exige.

Nossas crianças são adultos miniaturizados na forma e no conteúdo. Falam de sexo como quem possui a sabedoria e a experiência que apenas os anos são capazes de nos conferir. No final dos anos 90, na cidade de Albuquerque, Novo México, EUA, duas crianças de 10 e 11 anos casaram-se de mentirinha na escola; depois de uma briga, o garoto foi à casa da menina e destruiu alguns de seus brinquedos favoritos. A "sogra" denunciou o fato ao tribunal de violência doméstica do município. Em frente a um juiz, chegaram aos termos do "divórcio": se uma das partes voltasse a falar com a outra, seus respectivos pais pagariam uma multa de US$ 500. Dá para acreditar?

Nossas crianças discutem crimes e tragédias, prato cheio dos noticiários televisivos. Isso quando não são os personagens centrais das manchetes, a exemplo do que é descrito nos tristes versos de Chico Buarque de Hollanda na música "Meu Guri". Tornam-se malandros para fugir da violência; e são o alvo preferido das drogas, representando também um significativo público consumidor em potencial.

Seguindo tendências, a moda acena com figurinos "casuais", como no estilo grunge de longas bermudas e bonés extravagantes; modelitos country para os seguidores da dupla Sandy e Júnior, cantores-mirins que faturam alto lotando as melhores casas de shows do país com o mesmo sucesso de Chitãozinho e Xororó, respectivamente tio e pai dos talentos precoces; shortinhos descolados (ou seria mais apropriado dizer "bem colados"?) ao estilo da musa Carla Perez ou a pouca roupa da personagem Tiazinha são indispensáveis para se estar na moda, com a meninada toda rebolando a bundinha. Além de CDs, bonecas, sandálias plásticas, relógios, maquilagem, jogos eletrônicos e outras tralhas inúteis que vão sendo propagandeadas com o intuito único de deformar esse novo consumidor, presa fácil das necessidades criadas através dos ídolos de aparência exemplar e valores duvidosos.

Quando eu era menina, ser bailarina era o máximo! Eu invejava aquelas garotinhas nas sapatilhas de cetim, entre vestidos diáfanos, coques presos no alto da cabeça, um pouquinho de rouge e os lábios levemente realçados. Hoje o legal é ser top model ou capa de revista. A partir dos 10 anos, liberou geral; menininha de batom, jogando os cabelos de forma sensual, de saltos altos, apertada numa minissaia que, de tão mini, nem se sabe se é saia... Aos 12 já são permitidos os piercings e – pasmem – tingir o cabelo e até mesmo usar lentes de contato para mudar a cor dos olhos. Sutiãzinhos à mostra, meias pretas, blusas de renda, todos os objetos de fetiche sabidamente consagrados pela humanidade têm lugar nos corpinhos ainda semi-infantis. Além de certos hábitos pouco saudáveis como o fumo e a ingestão de bebidas alcoólicas. Depois de "liberar geral", é preciso gastar muito com campanhas sobre abuso infantil, drogas e boas maneiras. Num dado momento, uma famosa rede de fast-food resolveu melhorar o linguajar dos rebeldes sem causa adotando um professor de português como garoto-propaganda...

A psicanalista Rosana Signes afirmou, numa entrevista, que atos de apelo ostensivamente sexual não devem ser incentivados pelos pais ou por outros adultos. A criança que imita os trejeitos rebolativos de Carla Perez, inconscientemente estaria praticando um jogo de sedução; não haveria propriamente malícia nesse tipo de comportamento, mas não é possível atribuir o gesto à sua inocência. Além disso, segundo a psicanalista, tais jogos erotizados não garantem que a menina venha a se tornar uma mulher de relacionamentos afetivo/sexuais satisfatórios.

Na onda de conquistar seus 30 segundos de fama, muitos atores/modelos mirins se submetem a rotinas estafantes, sequer suportadas por pessoas adultas. Bastou um caça-talentos entregar um cartão a uma mãe num shopping center e a babona vai lá, toda encantada, expor o filho a lugares abafados, sem condições de higiene, sem alimentação adequada ou qualquer suporte que garanta o mínimo conforto – ou mesmo a mínima dignidade – a que todo ser humano faz jus. Os cachês, em geral baixos, nem sempre compensam; a compensação advém da vaidade de ver o filho exibido em horário nobre, através de rede nacional, todo mundo achando "uma gracinha". Será que o pequenino que passou fome, ficou nove horas sem uma higiene decente, sufocado num estúdio quente e sem ar achou nesse "trabalho" alguma graça?

Um amigo quase deixou a profissão para se tornar empresário da filha, pois já não conseguia administrar a agenda com tantas fotos, desfiles, editoriais de moda. A garota adorava e chegou a estrelar um comercial ao lado de uma de suas atrizes favoritas. A grana começou a valer a pena, com viagens, passeios. Como se desvencilhar dessa teia que ele próprio ajudou a tecer? Por sorte, na pré-adolescência, ante as mudanças dos inevitáveis hormônios, ela deu um tempo. Finalmente um tempo para estar com ela mesma...

O estresse infantil já chega a níveis preocupantes. É gerado pelo desgaste emocional, pela ansiedade, a falta de lazer e de descanso, a má alimentação (eles adoram fast-foods e não são capazes de definir um cardápio saudável; os adultos, por sua vez, desistem de tentar fazê-los comer abobrinhas e chuchus e se rendem à pobreza nutritiva do hambúrguer com fritas).

As crianças sabem que, no fundo, os pais esperam deles sempre o máximo. Ainda que esbocem um sorriso amarelo quando tiram o último lugar numa competição. Ainda que aceitem as notas baixas e paguem sorrindo as aulas de recuperação. Mesmo que a meia dúzia de palavras trocadas diariamente sejam de incentivo e aprovação. Com tudo isso, eles continuam curvados sob o peso das responsabilidades, aguardando passar a “fase ruim” para enfim superarem infância e adolescência, como se idade adulta fosse a redenção de todo tormento.

Como diz o comovente slogan de uma pomada para contusões, “não basta ser pai/(mãe), é preciso participar”. Os americanos, em recente pesquisa, declararam que gostariam de gastar apenas um minuto diário dialogando com os filhos; são refratários a beijos, abraços, demonstrações de carinho. Mas se até as plantas e os animais precisam de afeto!

Babás, avós, irmãos mais velhos e governantas não preenchem no coração e mentes infantis o importante papel de educadores e amigos desempenhado pelos pais. Vemos a toda hora notícias sobre a infância desamparada, seja por falta de recursos materiais ou afetivos. O resultado: violência, criminalidade, vício e até mesmo suicídio. Atitudes desesperada de quem não encontra apoio na imprescindível estrutura familiar.

Não é possível jogar sobre as crianças a responsabilidade do futuro. Nós o construiremos ou destruiremos à medida que soubermos passar para essas criaturas puras, perfeitas, ávidas de conhecimento e sedentas de vida, valores úteis e verdadeiramente significativos para o progresso da humanidade.

Criaremos cidadãos para a Nova Era ou pequenos monstros exterminadores do futuro. Podemos ocupar essa máquina incrível, que é o cérebro humano, com inseguranças e futilidades ou criar as condições do verdadeiro e sábio progresso. Eles são o nosso reflexo, espelhando nossos erros e acertos. Temos escolhas. Que a Inteligência Superior nos ilumine nesta importante jornada!

Aos Nossos Filhos [*]

Perdoem a cara amarrada
Perdoem a falta de abraço
Perdoem a falta de espaço
Os dias eram assim

Perdoem por tantos perigos
Perdoem a falta de abrigo
Perdoem a falta de amigos
Os dias eram assim

Perdoem a falta de folhas
Perdoem a falta de ar
Perdoem a falta de escolhas
Os dias eram assim

E quando passarem a limpo
E quando cortarem os laços
E quando soltarem os cintos
Façam a festa por mim

E quando lavarem a mágoa
E quando lavarem a alma
E quando lavarem a água
Lavem os olhos por mim

E quando brotarem as flores
E quando crescerem as matas
E quando colherem os frutos
Digam o gosto pra mim...

[*] Ivan Lins e Vítor Martins. *Aos Nossos Filhos*, faixa do CD *Meus Momentos - Ivan Lins*, EMI

Teus Filhos Não São Teus Filhos(*)

Teus filhos não são teus filhos;
são filhos da vida,
desejosa de si mesma.

Não vêm de ti, mas através de ti
e, mesmo que estejam contigo,
não te pertencem.

Podes dar-lhes teu amor,
mas não teus sentimentos,
pois eles têm seus próprios sentimentos

Deves abrigar seus corpos,
mas não suas almas,
porque elas vivem na casa do amanhã,
que não podes visitar sequer em sonhos.

Podes esforçar-te em ser como eles,
mas não procures fazê-los semelhantes a ti.
Porque a vida não retrocede,
nem se detém no ontem.

Tu és o arco do qual teus filhos,
como flechas vivas, são lançados.
Deixa que a inclinação em tua mão de arqueiro
seja para a felicidade.

Gibran, Gibran Khalil. *Um PresenteEspecial*, compilação de Roger Patrón Luján, Aquariana, São Paulo, 1992.

Criando Nosso Futuro

Para ganhar a confiança dos pequeninos:
Faça apenas promessas que é capaz de cumprir.

Para controlar o que é inadequado:
Use a frase "isto não é adequado para uma criança da sua idade" sempre que necessário.

Para ser o amigo de todas as horas:
Encontre tempo para o diálogo e demonstrações de afeto.

Para estar sempre presente:
Conheça os amigos de seus filhos. Faça da sua casa um espaço agradável dc convivência.

Nascidos Um para o Outro

Certas combinações parecem mais que perfeitas. Café com leite, pão com manteiga, arroz com feijão, queijo com goiabada. Pelé e Coutinho, Tom Cruise e Nikole Kidman, Tonico e Tinoco, Romeu e Julieta. Quando isso ocorre, contrariando a lógica matemática, 1+1 é igual a 1.

Grandes encontros acontecem também na vida real, não apenas no mundo da fantasia ou da notoriedade. Duas criaturas se juntam, passando a pensar e agir como se fossem uma só, numa simbiose equilibrada e perfeita.

Embora cada qual tenha se aventurado em carreira solo, não dá para imaginar Roberto Carlos sem Erasmo, João Bosco sem Aldir Blanc, Ivan Lins sem Vítor Martins. A isso chamamos "parceria".

Personalidades geniais, como o saudoso Vinícius de Morais, maleável e camaleônico em seu talento e ternura, acenam com a possibilidade tentadora do "par perfeito". Como um matiz de cinza ou bege, o Poetinha era um daqueles tipos universais, que "combinam com tudo". De Tom Jobin a Baden Powel, de Toquinho a Dolores Duran, de Carlos Lira a Monsueto, cada parceiro era, em princípio, único, definitivo, eterno.

Inconstante também no amor, Vinícius, que consagrou o bordão "infinito enquanto dure", seguia à risca os impulsos do coração, com um sem número de musas, muitas das quais se tornaram amantes, esposas, cúmplices... Cumplicidade, aliás, é condição indispensável para uma saudável e próspera parceria. Rima com fidelidade e só pode ser experimentada por quem aprendeu, desde sempre, a ser fiel, principalmente a si mesmo.

Querido como poucos, Vinícius não deixou grandes desafetos. Deve ter sido, à sua maneira, honesto com todas as metades apaixonadas que se dispuseram a figurar como seu par; nem tanto fiel, ao menos um sujeito leal.

Para haver cumplicidade, é necessário primar por valores idênticos e aspirar aos mesmos ideais. Compartilhar interesses, vivê-los e realizá-los na hora H, considerando sempre a fugacidade do tempo. Especializar-se, tornar-se Doutor nos sinais e entrelinhas insinuados pelo parceiro. Adivinhar seus desejos, decodificar apropriadamente cada gesto, cada olhar, saber das suas necessidades e como supri-las. Repartir dor e felicidade sendo dois num só, como a criatura e sua sombra. Aprender a ser, a um tempo, indivíduo e metade de um par – entidade que, por si só, já constitui uma outra "pessoa".

Num mundo confuso, competitivo e individualista, compartilhar pode parecer sinônimo de perda ou fraqueza. "Cada um por si e Deus por todos" é o lema adotado amplamente em tempos de crise, no melhor estilo egóico do "Salve-se quem puder". Aí não há lugar para lealdade, honestidade e dedicação. É um vale-tudo sem regras claras, com direito a golpes baixos e traiçoeiros.

Nesse contexto, somar-se a alguém pode parecer uma grande tolice romântica; diluir-se na essência do outro numa alquimia mais-que-perfeita assume ares de masoquismo. Doar-se, então, é pura comiseração, coisa desses coitados em busca de uma muleta para se pendurar.

Alma gêmea parece mera força de expressão, assim como "metade da laranja", "unha e carne" e outras "bobagens" que se prestam apenas a arrancar suspiros e vender discos melosos e revistas aos adolescentes de todas as faixas etárias. Sim, porque há muita "tia" cinqüentona que nunca viveu uma paixão; e muito playboy cinqüentão em busca da "eleita"– cada vez mais jovem – capaz de enxergar a verdadeira pessoa maravilhosa escondida atrás daquele carrão e da carteira recheada com cartões de crédito e outros valores... Seriam esses imaturos temporões cautelosos ou covardes? Autênticos ou egoístas?

Arriscar-se, aventurar-se, tudo isso faz parte do processo de crescimento pessoal do ser humano e uma parceria de qualquer natureza representa sempre um grande e produtivo desafio. Seja por meio de um casamento, de uma sociedade, de um trabalho, de uma prática esportiva ou de qualquer situação em que apenas duas pessoas – olhos nos olhos – estejam envolvidas.

Dois trapezistas em suas piruetas pelo ar; a mulher e o atirador de facas; a dupla esportiva no momento exato do revezamento; o artista e seu empresário. Exemplos de parcerias alicerçadas na confiança total, onde a decisão de um representa vida ou morte, tudo ou nada, ganhar ou perder.

Nos dias de hoje, como confiar cegamente no bom senso e na intuição do outro quando existe tanto apego, tanta maldade e interesses envolvidos? Cada qual puxando a sardinha para a sua brasa, com o objetivo de salvar a própria pele, e se possível, levar a melhor...

Algumas décadas atrás, as uniões eram sacramentadas no regime de comunhão total de bens: cada parte trazia o seu quinhão, e com dedicação e empenho, amealhava outro tanto, que passava a pertencer a ambos, sem distinção. Hoje os contratos de casamento estão cada vez mais complicados, como se essa união, antes baseada em amor e afinidade, fosse apenas mais um negócio, cujas divergências pudessem ser dirimidas no Foro da Comarca local.

Os votos de amor eterno, "na saúde, na doença, na riqueza e na pobreza" parecem ter caído em desuso. Quem já viveu uma parceria amorosa sabe quanto empenho é necessário para conciliar as próprias mudanças às do outro, já que somos microcosmos em constante evolução. Essa fidelidade devocional é a meta proposta no sacramento que propõe a união de corpos e almas. Quando há tempo e dedicação necessários ao acompanhamento diário de suas transformações, a relação se fortalece e renova. Caso contrário, está fadada a ser apenas mais um número nas estatísticas de divórcios e separações.

É curioso observar como, às vezes, metades tão diferentes podem se apresentar como sendo "um casal". Casamento, formal ou não, pressupõe parceria, e é incrível o número de pessoas que simplesmente não suportam certas características tão evidentes do parceiro – não raro apontadas como "defeitos" – e simplesmente "vão levando" até o limite de sua paciência.

Por mais que eu treine a compaixão, a tolerância e a flexibilidade, não conseguiria viver um dia sequer com violência, grosseria, falta de higiene ou desonestidade. Não suportaria um cobrador batendo à porta exigindo o pagamento de compromissos assumidos e não respeitados. Nem ser chamada aos gritos ou por algum apelido desagradável. Qualquer pessoa que cultive tais "predicados" não pode, nem de longe, candidatar-se a ser meu parceiro.

Os ingênuos marinheiros de primeira viagem insistem em crer na confortável ilusão das mudanças incríveis que podem ocorrer após o sagrado matrimônio. Ok, o ritual é bonito, mas não opera milagres. Para eles, em especial, um conselho amigo: você pode escolher o melhor para sua vida, portanto não se contente com menos. Procure o que quer, fuja do que não quer.

Não acredite que, depois de casada, ela vai emagrecer, deixar de fumar, tornar-se uma dona de casa organizada ou desconsiderar os conselhos da mamãe. Ou que ele vai trabalhar menos, dedicando a você mais atenção e carinho, presenteá-la com flores, deixar de sair com os amigos para noitadas, segurar a onda quando passar uma mulher bonita ou ser mais generoso e mão aberta.

Tais comportamentos estão vinculados a valores fundamentais do ser humano, fazendo parte de sua origem e seu desenvolvimento e não hão de mudar apenas para satisfazer a sua vontade. Padrões dessa natureza são modificados apenas através da conscientização e necessidade de mudança por parte do parceiro. Não há poção mágica capaz de transformar príncipes em sapos; cada caso é único e não pode servir de modelo nem ser generalizado.

Dizem que os opostos se atraem; pois bem, já vi casais em que as metades diferentes se tornaram complementares e outros que vivem às turras, no melhor estilo "inimigo meu". Conheci alguns pares perfeitos e ajustados, formados por pessoas em tudo parecidas, que em pouco tempo mergulharam no mais profundo tédio; e alguns que se comportam a vida toda como pombinhos apaixonados. Devem ser movidos pelas tais razões do coração, que como apregoa o dito popular, a própria razão desconhece...

Uma amiga, contrariando expectativas do padrão feminino "normal", representa o Sol do relacionamento: é impetuosa, criativa, o centro das atenções, a cabeça dos negócios. Restou ao marido e sócio o papel de Lua: afetuoso, passivo, com um tremendo jogo de cintura para aturar toda a parte burocrática, dos entraves de produção às minúcias da cobrança, pagamentos e outros detalhezinhos sem os quais sua amada não poderia brilhar. E com que santa paciência, Batman! Admiro esse modelo pouco convencional e tão funcional.

Convém não cair na tentação de trocar de parceiro a todo instante, como se, numa dessas "trombadas" da vida, o par ideal desabasse do céu diretamente nos seus braços. Como diz uma amiga, "quando você troca de marido, troca de defeito"... Pense nisso e procure enxergar e valorizar as qualidades de seu companheiro antes de elevá-lo à condição de "ex".

A separação nem sempre é o caminho mais fácil ou eficaz para resolver as diferenças de um casal. Muitas vezes é dolorosa e revela o lado negro das duas partes envolvidas. Aliás, não raro, o parceiro apresenta todas as características negativas de nosso lado mais sombrio. Aproveitamos, então, para nele descascar o abacaxi, como se, com isso, pudéssemos nos livrar de nossas mazelas. É recomendável perceber que, também no sagrado matrimônio, crise representa oportunidade. Neste caso, chance de autoconhecimento e auto-aperfeiçoamento.

Quando a questão transcende o âmbito afetivo e se prende à realização de objetivos materiais, como nas parcerias comerciais, os valores são ainda mais importantes para que elas possam se desenvolver com sucesso.

Existem as do tipo de capital e trabalho: uma das partes entra com o dinheiro e, a outra, com o trabalho. Se o capitalista valoriza apenas o lucro fácil, medido exclusivamente em moeda corrente, por mais que seu sócio se dedique e trabalhe pra valer, não será reconhecido. Os resultados decepcionarão a ambos, cada qual defendendo seu ponto de vista. Da mesma maneira, se o que empenha seu trabalho julgar-se "o máximo", considerando lucros ou perdas "mero detalhe especulativo", ficará insatisfeito, vestindo a carapuça de injustiçado.

Mesmo quando ambos entram com capital e dividem tarefas, emoções negativas como a crítica, a vaidade e a inveja podem destruir o relacionamento, a princípio tão equilibrado. Os sócios passam a remar em direções contrárias. Surge o clima de desconfiança e aí entra em cena a "Lei de Gérson", cada qual querendo levar vantagem em tudo, certo? Erradíssimo!!

Parcerias comerciais, não raro, são mestras em dizimar casamentos, amizades e laços de família. Trabalhar com (ou pior, para) o cunhado? Deus me livre!! E o que deveria ser motivo de união e afinidade, acaba tendo efeito totalmente contrário. Nem sempre é possível separar os papéis sociais impostos pelos vínculos comerciais dos afetivos. Aí as estações se misturam, causando um ruído ensurdecedor, que acaba dificultando toda a comunicação.

Bom seria que pares de irmãos ou irmãs cultivassem o mesmo afeto alardeado por famosas duplas caipiras como Chitãozinho e Xororó, Zezé di Camargo e Luciano, Sandy e Júnior. Na vida real, o sentimento fraterno é permeado por muita competitividade e frustração. Na disputa por mais atenção, espaço ou bens de consumo, o entendimento e a união ficam comprometidos. Quantos de nós, sinceramente, aceitariam ter um irmão como sócio, tratando-o com igualdade? Dividir proporcionalmente o pão é, ainda hoje, uma das lições mais difíceis de engolir.

Quando fazemos escolhas sensatas, levando em conta os anseios do coração e nossas necessidades materiais, ampliamos nossos horizontes, abrindo espaço para abrigar uma outra alma, que se não é gêmea, pelo menos é bem parecidinha... Ter alguém com quem se possa contar sinceramente nos traz uma sensação de conforto e desperta nossos sentimentos mais ternos de respeito, satisfação interior e aquele amor que transcende em sua forma mais pura que é a amizade.

Um parceiro nos ajuda a superar o egoísmo, arrancando-nos da gaiola protetora construída por nós mesmos para nos aprisionar. Que ele possa ser aceito com suas diferenças, compreendido em suas dificuldades, ajudado em suas limitações, e sobretudo amado por aquilo que é e não pelo que dele se espera.

Soneto da Fidelidade (*)

De tudo, ao teu amor serei atento
Antes, e com tal zelo, e sempre, e tanto
Que mesmo em face do maior encanto
Dele se encante mais meu pensamento.

Quero vivê-lo em cada vão momento
E em seu louvor hei de espalhar meu canto
E rir meu riso e derramar meu pranto
Ao seu pesar ou seu contentamento

(*) Morais, Vinícius de. *Antologia Poética*, José Olympio, 1977.

E assim, quando mais tarde me procure
Quem sabe a morte, angústia de quem vive
Quem sabe a solidão, fim de quem ama

Eu possa me dizer do amor (que tive):
Que não seja imortal, posto que é chama
Mas que seja infinito enquanto dure.

Cúmplice (*)

Eu quero uma mulher
Que seja diferente
De todas que eu já tive
Todas tão iguais
Que seja minha amiga,
Amante, confidente
A cúmplice de tudo
O que eu fizer a mais

No peito traga o Sol
No coração a Lua
A pele cor de sonhos
As formas de maçãs
A fina transparência
Uma elegância nua
O mágico fascínio
O cheiro das manhãs

Chaves, Juca. *Cúmplice* (A autora memorizou desde há muito essa bonita música, não dispondo do nome do disco em que foi gravada. Sabe, porém, que foi composta em homenagem a Iara, esposa e musa do menestrel)

Eu quero uma mulher
De coloridos modos
Que morda os lábios sempre
Que for me abraçar
E que ao falar provoque
O silenciar de todos
E o seu silêncio obrigue
A me fazer sonhar

Que saiba receber
E saiba ser bem-vinda
E possa dar jeitinho
Em tudo o que eu quiser
E que ao sorrir provoque
Uma covinha linda
De dia, uma menina
À noite, uma mulher

Chantagem Emocional

Desde que me entendo por gente, comemoro, no segundo domingo de agosto, o dia dos pais. Neste ano não foi diferente: com um embrulho na bagagem, tanque cheio e muita disposição, enfrentei os 200 e poucos quilômetros que nos separam, contornando as montanhas tortuosas até chegar a Serra Negra, pacata cidadezinha do interior de São Paulo.

Como já tornei público, tenho uma certa limitação com relação ao tempo, principalmente quando acredito tê-lo em abundância para dele dispor como bem quiser, sem compromissos com o relógio ou qualquer outra referência que possa quantificá-lo. Principalmente no que se refere ao horário da volta. Se disponho de tempo, vou ficando, até sentir as horas se esgotarem, clamando pelo retorno, indicando que outras situações exigem minha presença.

O hábito de fluir com o tempo às vezes me cria certo embaraço. Preciso como seu relógio suíço, meu marido costuma se programar de acordo com as indicações dos ponteiros. Aí me atrapalho: livre dos compromissos sociais ou profissionais, costumo marcar horários racionalmente plausíveis, que se contrapõem ao tique-taque do coração e ao ritmo de um bom bate-papo, acabando quase sempre por me atrasar. E foi o que aconteceu nesse domingo: quase duas horas depois do combinado me valeram um bilhete sem graça: "Te esperei até às 8. Fui jantar (vírgula) *pois não almocei*. Beijos." E uma seca assinatura, tão formal que parecia ensaio para talão de cheques... Consultei o algoz instrumento de medição de tempo e constatei que ainda faltavam quinze minutos para as 8! Mesmo assim, o atraso era considerável para quem se comprometera estar de volta "lá pelas seis..." A história do jantar – ele nunca janta aos domingos – seguida pela famélica justificativa de não ter almoçado fazia um quadro de cortar o coração.

Passado o impacto, deixei de lado o pequeno embrulhinho de culpa que meu querido me jogara nas mãos. Enchi a banheira, fiz muita espuma e mergulhei de cabeça, deixando para trás o estresse da estrada e o espírito de bruxa malvada que por um lapso de tempo "baixara" em mim. Vida normal, sem cobranças, sem castigos. Presenteei-me com aquele banho de limpeza, de beleza e de alto astral. Quando ele chegou, com a alma lavada, conversamos alegremente e em momento algum ele fez qualquer referência ao tempo ou à sua inocente tentativa de provocar em mim algum remorso.

Recordei essa divertida passagem enquanto estudava as teses de Susan Forward e Donna Frazier expressas em seu livro *Chantagem Emocional*[2], me dando conta do quanto a manipulação pode ser prejudicial nos relacionamentos. Funciona como um jogo: quem não conhece as regras ou encara o desafio com receio, tende a levar a pior. Há também aqueles que não se dão conta do seu papel nesse teatro de marionetes; embora ocupem o palco, estão limitados a seguir fielmente o script, ficando expostos às críticas, às vaias e aos tomates, em casos extremos. Por detrás do pano, mexendo as cordinhas com habilidade, encontram-se os que aparentam ser coadjuvantes, os "carregadores de piano", os "coitadinhos de mim", desempenhando seu árduo papel nos bastidores. Os manipuladores são sempre pessoas próximas a nós, membros de nossa equipe, seja no lar ou no trabalho; gente que vincula seu sucesso ou fracasso pessoais aos outros – no caso, nós –, espertinhos acostumados a nos usar como apoio, escada ou trampolim.

A convivência e a intimidade proporcionam a matéria-prima a esses habilidosos estrategistas; eles conhecem nossos valores e distorcem-nos evidenciando nossos pontos fracos. De posse do "mapa da mina", traçam planos para alcançar seus objetivos forçando-nos a participar de suas estratégias, sempre como facilitadores, mesmo que não lucremos nada com isso. Segundo o código penal, chantagem é crime; no código moral, porém, não existe punição prevista para esse criminoso que é o chantagista emocional.

Suas investidas costumam ser manjadas, mas alguns não se apercebem, enquanto outros não sabem como se defender. Em geral, partem de um axioma do tipo "se isto... então aquilo..." Trocando em miúdos, são os mestres do "se *você* fizer isto, então *eu* te dou aquilo" e por aí vão. Em geral apresentam características fáceis de se detectar. Susan Forward aponta "os seis sintomas mortais" dessas tentativas de coerção.

A *exigência* é um deles. Seja em tom explícito ou de maneira velada, às vezes parecendo até carinhosa, é um sinal de que dali vem bomba... Como a moça que insiste em ficar noiva daqui a um mês, *senão...* Ou o marido que impõe à mulher deixar de trabalhar fora imediatamente, *senão...* Ou o filho que exige que os pais lhe comprem um tênis de determinada marca, *senão*... Senão o quê? Não é difícil completar os pontinhos, qualquer que seja a imposição. A moça arruma outro pretendente. O marido pode desfazer o casamento por não contar com a infra-estrutura necessária no sacrossanto lar. O filho será menosprezado pelos colegas, tachado de "pobre", "brega" ou coisas assim. À luz da razão, poucos argumentos usados para completar os pontinhos justificariam a exigência. Quem é exigente de verdade, aprende a sê-lo primeiro consigo mesmo, o que o torna independente o suficiente para não se expor aos caprichos dos outros, nem mesmo da maioria, como no caso do imaturo filho.

Os manipuladores hábeis nem sempre jogam limpo, colocando as coisas às claras. Alguns se valem de rodeios, fazem beicinho e só depois, quando o outro "já não sabe mais o que fazer para agradar", aparecem com sua lista de reivindicações, "afinal, foi você quem perguntou"; esta frase nos faz parecer mais responsáveis ainda pela tristeza ou infelicidade do outro, que de maneira nobre, "carregava sozinho a sua cruz" até ser interpelado.

Outra característica do chantagista emocional é a *resistência* a uma proposta que não lhe agrada, também nem sempre explícita. O quase-noivo do exemplo acima pode querer combater fogo com fogo, embora usando um expediente mais sutil como alegar falta de dinheiro, de um lugar para morar, a instabilidade financeira do país ("Vamos esperar as eleições"; e depois destas "Vamos ver como a economia se comporta"...). Por meio da embromação, o que se percebe como fato incontestável é que ele não oficializa o compromisso através da aliança na mão direita e a quase-noiva tem de engolir suas exigências, egendrando um novo passo para o ataque. Que pode ser a chamada *"pressão"*.

Em vez de levar em conta a resposta do quase-noivo e buscar uma solução criativa que possa derrubar seu argumento – como, por exemplo, ir em busca de uma casa para comprar ou alugar, sujeitar-se a morar com a sogra por um tempo ou procurar um emprego melhor, etc. –, ela parte para a velha tática da gravidez não-planejada ("agora ele vai ter de casar"). O chantagista sente tanta segurança ao manipular o parceiro, que sequer considera que sua decisão – em geral mais emocional que racional – possa ser rebatida ou desconsiderada pelo outro.

Mas pode. E aí podem surgir as *ameaças*, tanto de um lado quanto de outro. Ele pode ameaçar abandoná-la de vez, deixá-la à mercê da própria sorte, caso ela não se disponha a fazer um aborto; ou, pressionado, aceite apenas "morar junto para ver se o relacionamento dá certo", sem se comprometer formalmente, como era o objetivo dela. Do outro lado, ela pode ameaçar "fazer um escândalo" junto aos amigos e familiares, suicidar-se, sumir para que ele nunca conheça o próprio filho. Que vença o melhor, pois após essa fase, surge a etapa da *concordância ou aquiescência*, como define Susan.

Nesse momento, o ponto-de-vista do outro passa a ser considerado e um dos lados tem de ceder à queda de braço, mesmo sem "dar o braço a torcer". Chegam então a um acordo um tanto velado, que sempre pode ser retomado e ressignificado futuramente, em outras bases.

Mas aí, quase sempre, já é tarde. Criada a estratégia, o padrão obedece o princípio da *repetição*; se a noiva for a vitoriosa, saberá que o noivo é suscetível à pressão; se ela ceder, ele saberá que as ameaças constituem o ponto fraco dela e usará seu lado mau ameaçador sempre que quiser levar a melhor. Esses "sintomas" podem agir isolada ou conjuntamente, como nos exemplos que criamos. É importante examinar cada conceito e, ante uma chantagem emocional, perguntar-se: "Em que etapa estamos?" Sim, porque o mecanismo requer sempre duas pessoas: a que manipula e a que está sendo manipulada; isto deve ficar bem claro. Ambas participam do jogo ativamente, não importando quem está no ataque ou na defesa.

Enquanto alguns manipuladores são agressivos e diretos, outros são mais suaves e gentis em sua atitude. A mulher que suspira ao passar diante da vitrine da joalheria e diz sutilmente ao namorado que "acha tão romântico (ou tradicional) usar aliança, olha aquela, que linda!" é tão manipuladora quanto a nossa personagem que bate o pé e diz que o fulano "tem até o mês que vem para pôr um anel de compromisso no meu dedo". Mas uma chantagem só pode ser bem sucedida quando damos importância e significado a ela.

Imagine esta situação: o marido ameaça suspender a mesada da esposa caso ela passe a desempenhar uma atividade remunerada; ela dá de ombros, ciente de sua capacidade de manter-se financeiramente sem a "ajuda" do companheiro; mesmo que ele cumpra a sua ameaça, a relação seguirá até que as novas regras – e seus efeitos – sejam experimentados e ambos possam tirar suas conclusões baseados nos fatos reais e não em hipóteses.

No início, o marido pode considerar a atitude uma afronta, uma tentativa de manipulação por parte da esposa, agora "independente". Mas, se com o tempo perceber que ela continua a prestimosa gerente do lar, além de mais bonita, motivada e feliz, o relacionamento sairá fortalecido e cada qual crescerá a seu modo.

É bom ressaltar que, num relacionamento, colocar limites não é sinônimo de manipulação. Quando pessoas maduras discutem abertamente sobre o quanto são capazes de tolerar no que se refere a maneiras diferentes de agir e pensar, cada qual está expondo com clareza ao outro seus valores e suas fraquezas, o que equivale à declaração: "a partir desse ponto, não conte comigo". Isso não é uma ameaça ou um instrumento de pressão, apenas uma atitude equilibrada de quem se respeita e sabe demonstrar sua sinceridade.

É aceitável dizer "não participarei mais de todos os almoços de domingo na casa de sua mãe porque não gosto da maneira como ela vem tratando as crianças"; ou "não gosto do interrogatório a que ela me submete". A manipulação existiria na forma de ameaça se alguém dissesse: "se você não concordar em receber meu irmão para almoçar um dia desses, não participarei mais dos almoços na casa de sua mãe"; ou pressão, como no exemplo a seguir: "só vou almoçar na casa de sua mãe se voltar a tempo para ver o futebol" (nenhum carinho, nenhuma participação, apenas encher a pança como quem vai ao mata-fome mais ordinário e impessoal da esquina). É preciso compreender bem estas diferenças para um relacionamento sadio e duradouro.

Podemos delinear um perfil bem específico para cada tipo de chantagista emocional. Existem os *castigadores,* que pedem o que querem e apontam as "coisas terríveis" que nos acontecerão caso não estejamos aptos a ceder a suas vontades ou "colaborar" com seus projetos (como o chefe de equipe que ameaça "ou você vem trabalhar no domingo ou lembrarei de Fulano no momento da promoção"); os *autopunitivos,* que nos ameaçam através das "coisas terríveis" que farão consigo mesmos se não atingirem tal resultado ("se você me deixar, eu faço uma besteira"); os *sofredores-vítimas* ("sem você eu não sou ninguém"), que não assumem responsabilidade sobre suas próprias vidas e sempre acham que os outros deveriam adivinhar, facilitar e satisfazer suas vontades; e os *torturadores,* que nos acenam com recompensas que nunca alcançaremos ("se você me perdoar e simplesmente esquecer aquele 'caso', tudo voltará a ser como antes", diz o marido à mulher traída, ainda vulnerável e ferida).

O que nos faz perder o rumo diante de uma chantagem emocional? Susan Forward utiliza uma expressão muito adequada à língua inglesa: *fog*, que significa *névoa, neblina,* aquilo que nos deixa ver a realidade de maneira embaçada e distorcida. Mas a estudiosa emprega FOG também como uma sigla – *fear, obligation, guilt* – que se traduz por *medo, obrigação e culpa.* Em geral, essas são as principais emoções negativas acionadas nos processos de chantagem emocional.

Quando temos nossos empregos, sentimentos, bem-estar ameaçados nos tornamos vítimas do medo; quando nos fazem acreditar que de nós dependem seus progressos; ou o quanto sacrificaram-se por nós; ou o quanto devemos a eles, despertam em nós os brios de nossa obrigação; quando demonstram o quanto se sentem infelizes, inferiorizados, impotentes por nossa causa, acionam nosso sentimento de culpa. O patrão que chama a atenção do empregado para "que o erro não se repita", colocando em jogo seu emprego, desperta no subalterno sentimentos de medo e insegurança. A mãe que cobra a todo momento a gratidão da filha mimada, apela para sua excessiva responsabilidade e senso de obrigação. O filho que desfia um rosário de lamentações diante dos pais sobre as oportunidades que lhe foram negadas devido a sua inferior condição sócio-econômica-cultural tenta atribuir a eles culpa por seus insucessos.

Qual o perfil básico das pessoas mais suscetíveis à chantagem emocional? As características mais comuns são necessidade de aprovação, os tipos conciliadores/pacificadores, os compassivos e os inseguros. Quem aceita suas limitações com lucidez põe as cartas na mesa e não se deixa influenciar nem vitimar pelos parceiros/colegas/parentes. Lembre-se: uma vez descoberto o "mapa da mina", o chantagista inescrupuloso não hesitará em percorrê-lo sempre que desejar levar a melhor sobre você.

Felizmente, existem estratégias simples que você pode desenvolver para evitar este tipo de manipulação. É preciso lembrar que cada caso é um caso, por isso devem ser utilizadas de acordo com a ocasião, não existe um único método que funcione bem para todas as situações. Uma delas é a comunicação não-defensiva: ao ser "atacado" pelo chantagista emocional e sua ladainha ("Você é egoísta! Você é cruel! etc."), no perca tempo negando as acusações. Mostre suas reais intenções ao agir de determinada forma ("sou objetivo, tomo iniciativas diante de sua omissão, etc."). Ou seja, como bem ensina a Programação Neurolingüística (PNL): comunique o que você quer e não o que não quer...

Outro artifício que dá resultados: faça *rapport*, entre em sintonia, concorde com o chantagista, a fim de desarmá-lo: "Supondo que eu esteja sendo realmente egoísta, o que posso fazer, na sua opinião, para mudar isso?"; ou "Já que sou egoísta, você poderia me ajudar a tomar decisões mais acertadas para ambos manifestando sua opinião quando tiver boas idéias em relação a esse assunto...").

Também funciona a estratégia de troca/negociação: ("Ok, como bom egoísta faço questão de ir a essa festa no domingo, mas me disponho a acompanhá-la no próximo Baile dos Anos 60, que eu detesto"); e trate de cumprir os acordos, aberto para as novas – e boas – experiências que a "situação indesejável" possa lhe proporcionar. Por fim, inteligência e bom humor sempre podem desarmar ou "adocicar" nosso terrível algoz chantagista, desde que usado sem ironia. Aproveite aquelas situações engraçadas vividas na intimidade – recorde lugares, momentos, apelidos carinhosos – e perceba as mudanças.

Em todos os casos, quando se sentir ameaçado por uma chantagem emocional, examine seus sentimentos em profundidade. Ouça o outro sem colocar "protetores nos ouvidos" que possam filtrar as mensagens que lhe são dirigidas; perceba se você não está hiper-sensível por algum problema pessoal, distorcendo os fatos na tentativa de se proteger. E aproveite cada jogada para crescer e desenvolver mais ainda seu potencial rumo ao autoconhecimento.

Sinalizando

A estratégia dos três faróis coloridos pode ajudá-lo a identificar e neutralizar chantagens emocionais:

• *Vermelho* - Quando alguma colocação não soar bem aos seus ouvidos, *Pare!* Não alimente a discussão, não ofereça argumentos para que o manipulador conduza você pelos caminhos pré-traçados.

• *Amarelo* - Fique atento e busque o real significado de suas palavras/atitudes. Muitas vezes, a outra pessoa traz mágoas e aborrecimentos de outras situações e vem "descontar" em você. *Atenção!* Saiba diferenciar o que é seu do que é do outro. Perceba se você será beneficiado de alguma maneira agindo como o outro deseja. Lembre-se: um negócio só é bom se é bom para os dois lados...

• *Verde* - Depois de analisar a situação e encontrar uma saída criativa para contemporizá-la (que pode até mesmo ser a de ignorar completamente o que o outro disse, se não fizer o menor sentido para você), respire fundo, aprume-se e *Siga!* Somente após refrear seus impulsos e se dispor a uma análise equilibrada, o caminho correto se apresentará; você poderá percorrê-lo na certeza de que escolheu trilhá-lo e não está sendo "conduzido" por nenhum guia inescrupuloso.

Para neutralizar o "inimigo"

Certas frases feitas "paralisam" o inimigo e lhe dão tempo para pensar melhor no assunto em questão. Adote-as sempre que necessitar:

• Pode ser.

• A escolha é sua.

• Você tem direito à sua opinião.

• Nenhum de nós está certo ou errado. Apenas queremos coisas diferentes neste momento.

- Vou pensar no assunto.
- Lamento que isso o aborreça tanto.
- Sinto muito por você estar aborrecido.
- Podemos conversar sobre isso mais tarde?
- É interessante sua maneira de encarar isto.

Presentes da Natureza

Quando conheci Pitty, logo fui cativada por sua aparência sofisticada e seu olhar levemente estrábico, que lhe conferia muita personalidade. Com um colar de pérolas singelas no pescoço e porte clássico, seu jeito sereno marcava presença discretamente. Era dessas criaturas que entram e saem sem alarde, deixando no ar o rastro indelével de sua embriagante figura.

Tempos mais tarde, minha amiga Dina me trouxe a novidade: Pitty estava grávida e em breve daria à luz sua segunda ninhada. À medida que os dias se passavam e se aproximava mais e mais a data do nascimento dos filhotes, a "avó" preocupada ia narrando aventuras e desventuras da siamesa namoradeira. Soube então que as gatas são capazes de fecundar espermatozóides de vários "namorados" diferentes, por isso, numa mesma ninhada, nascem criaturinhas que as línguas ferinas, com toda razão, afirmariam ser "filhos de pais desconhecidos".

E não deu outra: dois pretinhos, um macho e uma fêmea, uma branca com um círculo cinza nas costas e uma coisinha mirrada do sexo masculino, pálida, branquela, com doces olhos azuis. Os bichinhos foram crescendo, e eu, pela primeira vez em contato próximo com o mundo felino, me divertia com suas travessuras. Eles saltavam da pequena caixa de sapatos onde a família inteira se aninhava, lutavam entre si, trocavam mordidas e afagos; depois eram recolhidos pela mão zelosa que os carregava pela nuca. Então disputavam o leite materno, revelando o tal instinto de sobrevivência, presente em tudo que se move. Umas gracinhas.

Não deu um mês e Dina começou a insinuar que daria um presente ao meu marido: o branquelinho, cujas patas e orelhas já traziam traços em tons escuros evidenciando a estirpe siamesa, fora o escolhido. Fiquei sem graça, não sabia como recusar. Dino e eu nunca pensamos em adotar um animal de estimação, em nome de nossa liberdade para viajar e total descomprometimento com horários.

Embora ambos apreciássemos cães, cada qual tendo acumulado certa experiência com o trato canino desde a mais tenra infância, trazíamos aquele ranço em relação aos gatos por conta de informações sobre o quanto esses bichinhos são interesseiros, pouco afetuosos, traiçoeiros e uma série de outros adjetivos nada qualificativos. Revirei primeiro o estômago, com receio de magoá-la; em seguida, revolvi os arquivos da mente equilibrada e percebi que sofria por um problema que não era meu, já que o presente era destinado a meu marido. Relaxei.

Almoçávamos juntos uma vez por semana; Dina, entusiasmada, contava as travessuras do 'nosso" caçula. Dino sorria amarelo, com ares de "não-tenho-nada-com-isso", mas não dava o contra. Eu saboreava meu salmão defumado e tentava prever onde aquilo iria dar. Certo dia, em casa, pedi a ele que dissesse à sua xará, em alto e bom som, com todas as letras, que o gato não seria bem-vindo. Ele apostou que ela não teria coragem de chegar ao fim da empreitada e continuou em seu pacto de silêncio...

Numa de minhas visitas à amiga, recebi o ultimato: "Você quer levar o gato agora ou prefere que eu o deixe lá amanhã, quando for acompanhar o Rodrigo ao dentista? É ao lado da sua casa...", disse ela, com a sutileza de um paquiderme. Embora com doutorado em sinceridade, não fiz jus ao diploma e ensaiei uma resposta politicamente correta: "Eu até o levaria, mas, no momento, não disponho de um lugar para ele ficar, nem comida, nada..."

Eu deveria prever que não daria certo. Principalmente conhecendo Dina, virginiana escolada, que sacou da manga, num passe de mágica, o irrefutável "kit gato": caixa de papelão forrada com um paninho de dormir, duas tigelas de plástico, um pouco de leite em pó num saquinho bem fechado e ração para filhotes higienicamente guardada numa embalagem do tipo *tupperware*. Sem palavras, enfiei a fera no carro e fui batendo lata pela avenida, com a nítida impressão de que estava com algum parafuso solto na cachola.

Cheguei tarde da noite, Dino não estava. Trancafiei o bicho no banheiro dos fundos. Recomendando-lhe que não fizesse barulho, dei-lhe um beijo de boa-noite. Dormi em paz, sem perceber sequer a que horas meu companheiro se aninhou a meu lado.

Dia seguinte, seis da manhã, ele acorda sobressaltado. Senta na cama e repete: "Miau? Parece que eu ouvi um miau..." Levantei sonolenta, balbuciando um desanimado "Ah!" e fui buscar a ferinha. Acendi a luz e coloquei-o sobre o peito do "pai adotivo". Foi amor à primeira vista. Recebeu solenemente o nome de Michelângelo.

Enquanto nos arrumávamos e durante todo o café da manhã, Mich nos seguiu, feito sombra, por todos os cantos da casa. E agora, o que fazer? Deixar o bichano confinado dentro do apartamento, largado à sua própria sorte? Decidi levá-lo comigo para o escritório, a pretexto de "não incomodar os vizinhos". Enfiei a caixa e o kit gato numa sacola, parei num pet shop, comprei ração, areia, caixa-latrina e uma "jaulinha" plástica para transporte, já que o curioso não se contentava em viajar no meu colo, tentando, por vezes, observar de perto o funcionamento dos pedais.

Assim foi o começo da nossa relação e de um longo e proveitoso aprendizado. Nunca me ocorrera lidar com um ser vivo que dependesse exclusivamente de mim. Aquela situação nova me deixava intrigada. Eu era toda desconfiança e o bicho se entregava carinhoso, enrolando-se em meu colo como uma grande vírgula peluda, enquanto eu martelava o computador.

Extremamente limpo, não precisou de aulas de puericultura para fazer uso da bandeja sanitária, além de cuidar do próprio banho diário, escovando-se com a língua peluda, que mais parece um pente. Passei a manter uma bandeja em casa e outra no escritório, bem como jogos distintos de tigelas para água, comida e "regalos" – certos alimentos especiais. Nada lhe causou estranhamento.

Ao contrário do que afirmam, sobre os gatos se apegarem ao lugar, Mich pareceu entender que somos um time, "uma família", e demonstra grande apego a mim e ao "pai", independentemente de onde estejamos, seja em casa, no escritório, na casa de praia ou qualquer outro lugar.

Por conta de um trauma sofrido por volta dos seis meses, quando caiu da janela do primeiro andar, o bichano não sobe em muros, para meu alívio e da vizinhança. Vive reservado, mas em total liberdade no seu reino, dando longas corridas pelo apartamento, carregando junto a passadeira, a poltrona com rodinhas, os tapetes da entrada e tudo o que houver pelo caminho. Não aceita passear preso por uma guia. De carro, só na caixa fechada, porque prevenir acidentes é dever de todos...

Quando bobeamos ao entrar ou sair, encrespa o rabo empinado e sai rebolando pelo corredor, certo de que mete medo em todo mundo. O máximo que consegue ao exibir seu focinho felino e seus densos olhos azuis é um elogio de alguma vizinha desavisada: "Que gatinha linda!". Aí, numa atitude anti-social, ele se encolhe, colocando-se em posição de ataque; se estiver no colo, tenta dar uma patadinha nada amigável, seguida pela exibição das unhas, pontiagudas e cortantes como punhais.

Já ouvi todo tipo de crítica desde a "adoção"; as mais comuns dizem respeito à pouca afetividade dos felinos, o que não pude constatar, já que o bichano é amigo e amoroso. Outros se referem ao "problemão" que representa um animal de estimação: despesas, idas e vindas ao veterinário e – a parte pior – o quesito higiene.

Dino e eu agimos como "pais conscientes" e dividimos tarefas no intuito de manter uma relação amistosa e prazerosa com o nosso gatinho. Ele cuida da limpeza, eu da alimentação e ambos do bem-estar, do lazer e da comunicação com o animal.. Quem nos visita costuma fazer observações do tipo "Na próxima encarnação ele nascerá humano" ou "É a primeira encarnação dele como gato; antes era onça", diante de atitudes um tanto agressivas do filhote, agora em idade adolescente.

Uma amiga terapeuta, louca por gatos, propôs, certa vez, que eu desenvolvesse o tema "Gatize-se", numa alusão à auto-estima e à individualidade. Cada um por si, cuidando das suas coisas e vendo seus próprios interesses, colocando-se sempre em primeiro lugar no script de suas vidas.

De fato, temos muito a aprender com os animais. Embora Mich não seja propriamente um bom exemplo de fortalecimento do ego, serviria perfeitamente nas questões de objetividade e persistência. Quando decide dar sua voltinha pelo corredor, é criativo em suas estratégias de fuga. É capaz de dormir – e até ressonar – em meio à maior gritaria ou de ficar intermináveis minutos concentrado, na mesma posição, para dar o bote certeiro em sua presa – ainda que esta seja representada por um rato de pelúcia ou uma bola de papel. A serenidade com que sc entrega ao descanso e à preguiça, sem culpa nem qualquer coisa que possa remotamente incomodá-lo, é também admirável.

Enganam-se aqueles que desdenhosamente tratam os animaizinhos como seres inferiores. Cada um deles possui seus pontos fortes; algumas características são até superiores às dos seres humanos. Os gatos, por exemplo, possuem um sistema sensorial altamente evoluído em comparação ao nosso. Seu tato, considerado o sentido mais insignificante, é mais desenvolvido no focinho (parte nua do nariz), na língua e nas almofadas das patas; a sensibilidade das patas dianteiras à vibração ajuda no sentido da audição. Os pêlos das costas contêm vários tipos de receptores do tato, bem como os bigodes, a pelagem dos cotovelos e as raízes pilosas. Eles são absolutamente confiantes e atentos aos seus sentidos.

Sua audição alcança 65 khz, mais de três vezes a capacidade auditiva humana. Mich sabe diferenciar o som de nossos carros entre todos os outros que utilizam a garagem, colocando-se à porta para nos saudar sempre que voltamos para casa.

Os gatos enxergam melhor que os humanos sob luz fraca, embora nada vejam na escuridão total. Focalizam melhor entre 2,5 a 6,5m, tendo dificuldade em definir as imagens bem de perto. Registros olfativos são importantes na identificação de pessoas e objetos. Através do olfato ele detecta a qualidade dos alimentos, que só são ingeridos se o aroma estiver ok.

Conforme o tempo foi passando, fui me inteirando cada vez mais sobre as características e costumes do meu animalzinho através de leituras e das visitas à veterinária. Próximo de completar um ano, a responsabilidade pesou diante de uma importante decisão: deveríamos optar pela castração ou deixá-lo seguir seu instinto e natureza?

Meu marido, como bom macho ofendido, saiu de fininho e deixou que eu decidisse sozinha. A opinião de amigos e médicos acerca da preservação de seu aparelho reprodutor me apontava duas soluções básicas: arrumar uma companheira para o bichano ou permitir que ele "desse suas voltinhas", encarando o cio como uma etapa natural. Isso incluía aturar a "demarcação de território", permitindo que ele urinasse pelos cantos da casa, e os cuidados com seus ferimentos, já que, na disputa pelas fêmeas, a briga costuma ser mais feia que final de campeonato de jiu-jítsu.

Como ele era incapaz de sair sozinho e não estava em nossos planos investir num gatil, optei pela castração. Foi uma decisão difícil, mas me pareceu a mais razoável no que se refere à nossa pacífica convivência.

Durante o pós-operatório, recorri à cura prânica para amenizar seu desconforto. Embora não conhecesse a posição dos chacras em sua constituição felina, agi intuitivamente, obtendo bons resultados. Sempre que necessário, recorro a algum tipo de terapia alternativa para melhorar seu estado geral, seja físico ou psíquico.

Mich é um gato ativo, "com muita personalidade", revelando por vezes os instintos de agressividade de seus ancestrais felinos. Algumas pessoas qualificadas me recomendaram o uso de florais de Bach para torná-lo mais "sociável". Estou estudando uma lista de sugestões, mas, por enquanto, tento apenas educá-lo através de atitudes, entonações de voz e energização, sem recorrer a remédios que distorçam sua maneira de ser.

Só mesmo quem desfruta da alegre companhia de um cão ou gato é capaz de avaliar o quanto se "ganha" nessa relação custo-benefício. Muitos não encaram tal responsabilidade por medo dos compromissos que advém desse envolvimento. Alguns queixam-se de solidão, mas não se dispõem a dividir seu espaço nem se arriscam com novidades. Lembro-me do personagem vivido por Jack Nicholson, no divertido filme *Melhor é Impossível.* O escritor turrão se rende ao charme e ao carinho de Verdell, um cãozinho que lhe é emprestado por um vizinho. Em pouco tempo, é capaz de interpretar os desejos e necessidades do bichinho e, a partir daí, muita coisa muda em sua vida. Quem não quer laços nem compromissos, mas se queixa de solidão, pode encontrar numa companhia animal um excelente exercício de amor e dedicação.

Já ouvi muitas histórias de gente que não pôde realizar seu sonho de infância, mantendo um bicho de estimação, pela recusa dos pais, filhos ou maridos. Uma amiga me conta que, ao completar quarenta anos, chegou a chorar para poder ter em casa uma simpática filhote de *cocker spaniel;* seus esforços deram resultados e hoje, com os filhos já crescidos, ela se diverte com as trapalhadas do mais novo membro da família. Outra se surpreende a todo instante por ter aprendido a conviver pacificamente com uma iguana e uma cadelinha da feroz raça pitt-bull, aquisições recentes do filho, que emancipado, achou-se no direito de levar a bicharada para dentro de casa.

No trato com os animais, algumas pessoas são indiferentes, outras são hostis ou até cruéis. A pobre Pitty foi vítima de um envenenamento fatal, passando antes por sofrimentos como a cegueira, sede e fome. Há quem, covardemente, projete suas frustrações nos bichinhos, que por mais espertos que pareçam, não são imunes à criatividade maldosa do homem.

Na convivência com Mich, aprendi, sobretudo, que é possível recusar o presente de uma amiga, embora nem sempre seja recomendável... Não fosse a sua insistência, hoje eu não desfrutaria das divertidas traquinagens do bichano. Convido você a compartilhar da minha alegria e a olhar com bons olhos essas criaturinhas que dão um colorido todo especial à vida de seus familiares. Sim, porque um cão ou gato é propriamente considerado “da família”. Observe o quanto se pode aprender sobre o comportamento humano ou como podem ser seguidos os exemplos dos animais à sua volta. E se tiver amor, tempo e paciência, adote um bichinho e desfrute dessa sincera e gentil amizade!

Florais de Bach para Cães e Gatos:

• *Aspen:* para cães e gatos submissos, tímidos, assustados, nervosos e sobressaltados

• *Beech:* para o gato que não aceita um segundo gato ou uma pessoa específica (combinar com Walnut, caso dois gatos da mesma casa briguem)

• *Chestnut Bud:* para o cão treinado por métodos violentos

• *Chicory:* para cães e gatos carentes, ou ciumentos, que reclamam sempre atenção

• *Clematis:* para cães e gatos preguiçosos, dorminhocos

• *Holly:* para cães ciumentos, agressivos ou que sofreram maus tratos no passado

• *Honeysuckle:* para cães e gatos tristonhos, melancólicos e saudosos, cujo dono está ausente (reforçar com Star of Bethlehen, caso o dono do animal tenha morrido)

• *Mimulus:* para cães e gatos que temem coisas conhecidas (tempestades, trovão, visita ao veterinário)

• *Olive:* para o cão exausto, doente ou traumatizado

• *Vervain:* para animais altamente sensíveis, nervosos

• *Vine:* para o gato que se considera o dono da casa

• *Walnut:* para o gato quando muda para uma casa nova

• *Water Violet:* para cães arredios, solitários ou descendentes de raças selvagens; para manter equilibradas as relações do gato com as pessoas da casa.

• *Star of Bethlehen:* para cães e gatos que foram maltratados ou traumatizados física ou emocionalmente

Invasão de Privacidade

Deu no Programa do Faustão: Xuxa, rainha dos baixinhos, finalmente estava grávida. Entre lágrimas de tietes e o olhar patético do namorado que não sabia bem onde pôr as mãos, muita asneira foi falada, causando indignação aos pais do noivo. O Brasil inteiro comentou e em rodas de amigos houve todo tipo de manifestação: a favor, contra e muito pelo contrário.

Sim, ele viveu o triste papel de mero touro reprodutor, afirmavam uns. Não, como líder infantil ela não deveria assumir gravidez fora do casamento, pois sua atitude pode servir de exemplo à legião de adolescentes que vêem na loirinha um mito a ser seguido, contra-atacavam outros. Muito pelo contrário, os dois são jovens, lindos e ninguém tem nada a ver com isso, dizia a turma do deixa-disso.

E ninguém, de fato, teria nada a ver com isso se não houvesse essa necessidade constante de ricos e famosos se manterem em evidência na mídia, tornando público o que deveria ser privado. Mas, em tempos de aldeia global, com muito espalhafato por fora e nenhuma intimidade consigo mesmo, a invasão de privacidade é inevitável. O preço da fama é a perda da individualidade; em poucos minutos qualquer criatura se torna um produto de consumo. O jornalismo sensacionalista ignora sentimentos, necessidades e emoções verdadeiras; todo fato precisa ser explorado urgentemente ao extremo.

Quando alguém se torna famoso, quer porque seja a "sem-terra" que virou "sem-roupa" ou a "cunhada" que esteve prestes a se tornar a "nora" do Brasil, o ser humano é convertido em mercadoria, não importa sua raça, credo, ou seu nível social e cultural. O único anticorpo contra essa doença, cujo principal sintoma é o assédio da mídia, são os nossos valores, nem sempre suficientemente fortes para cortar o mal pela raiz.

É criada rapidamente uma estratégia para vender, vender, vender. Jornais, revistas, CDs, fitas de vídeo, programas de TV. De bonecas a bambolês, de dietas a jóias, de sandálias de plástico a relógios, tudo pode abraçar a grife do mau gosto, da pobreza interior e da falta de brilho natural. Tudo pode ser polido e glamourizado, colocado numa embalagem de sonho e enfiado goela abaixo da massa ignorante, alimentando cada vez mais seu ideal de sair do anonimato.

Bons tempos em que Pelé tinha (e tem até hoje!!) a dignidade de não se prestar a garoto-propaganda de produtos incompatíveis com o ídolo que seria consagrado o atleta do século, como cigarros e bebidas alcoólicas. Eu sei, eu sei que no clamor da juventude ele emprestou seu nome a uma aguardente vagabunda, mas foi pura ingenuidade; arroubos da adolescência, corrigidos a tempo para quem é rei com toda a majestade a que tem direito, inclusive o título de cavaleiro do império britânico...

Extra, extra!! Carla Perez vai fazer uma cirurgia no joelho danificado de tanto rebolar o tchan! Bomba, bomba!! Carla Perez põe o bumbum no seguro!! E rouba o namorado da Simmony. E fica nua no Pelourinho! É loura artificial, com bronzeamento a laser... Pasmem, senhores, através da mídia protagonizada pelo Sr. Gugu Liberato e seus asseclas, sei até qual a cor das calcinhas da senhorita, que aqui não revelarei por questão de puro decoro...

Isso mesmo!! O repórter enxerido flagrou a jovem em seus aposentos de hotel, vasculhou sua mala, penetrou no saco de roupas íntimas da dama, tentando fazer da valise um verdadeiro show. Perdoem-me o trocadilho, mas parecia pura combinação... E agora estou assim, perita em Carla Perez. Mas, de que me serve isso? E quanto a mim? O que eu conheço de mim?

E o que eu sei das pessoas que me são mais caras? Tenho idéia de como é a roupa íntima da minha própria mãe? Talvez eu fosse capaz de arriscar palpites sobre as preferências sexuais de Michael Jackson, mas nunca soube detalhes íntimos de meu pai. Por quê? Seria o *pop star* norte-americano mais importante para mim que aquele que me deu a vida, só porque é amigo pessoal de Elizabeth Taylor? Em que contribuiu Mr. Jackson para minha formação, além de algumas melodias açucaradas na adolescência e clipes marcantes e sacolejantes como o inesquecível *Thriller*?

Por acaso ele me sustentou, me apoiou, orientou minhas escolhas? Qual a sua participação no que se refere a meus erros e acertos, minhas decepções e alegrias? Por que devo me preocupar, juntamente com a maioria dos mortais, em saber se ele transa com a enfermeira ou se seus filhos foram clonados em laboratório?

Pouco sabemos acerca de nós mesmos e nos voltamos cada vez mais para fora e longe de nós. Fatos de pessoas distantes, que sequer conhecemos, são capazes de nos sensibilizar muito mais que situações cotidianas, cujos personagens centrais são o colega ao nosso lado, literalmente ao alcance de nossas mãos.

Nos comovemos com a massa alucinada de desempregados que vimos no telejornal das 8. Mas, se logo em se-guida, aquele cunhado chato nos telefona para contar, choroso, que acaba de perder o emprego, respondemos automaticamente um chavão qualquer do tipo: "É, emprego tá difícil mesmo. Viu na televisão? Quantas demissões...". Desligamos e continuamos nossa "vida normal" até que algum outro fato estarrecedor nos chegue tela adentro, arrancando de nós lágrimas, suspiros ou sorrisos.

Aldeia global, termo cunhado na década de 70 por um gênio da Nova Era da Comunicação, Marshall McLuhan. Todo mundo sabendo tudo de todos. Fim da guerra fria, um planeta sem fronteiras, como sonhou John Lennon. Sem segredos, para que não houvesse armações.

Sabemos hoje das bebedeiras de Bóris Yeltsin e acom-panhamos o drama de Socks, primeiro-gato americano, traído por Bill Clinton e companhia, que resolveu adotar um filhote de labrador – talvez na expectativa de amea-lhar mais alguns votos. É, porque a estatística comprovou: 54 milhões de americanos possuem cachorros em casa, bem como praticamente todos os presidentes americanos.

Tal informação pode nos parecer importante; no entanto, não temos certeza se o vizinho do apartamento ao lado, com quem compartilhamos há dez anos o corredor, tem um papagaio ou um periquito. Gravamos na memória o tele 900 do Disque-Casseta-e-Planeta, mas esquecemos o número do nosso irmão caçula – também, tão difícil, um algarismo de cada, parece uma equação de segundo grau....

Deleitamo-nos ao saber que Paulo Henrique Cardoso, filho do Homem, dividiu ternamente um Romeu e Julieta (trata-se da popular sobremesa) com Thereza Collor. Torcemos como loucos para que Lady Di encontrasse enfim o amor nos braços de Dodi Al-Fayed e que fossem felizes para sempre; nós que acompanhamos "de perto" sua trajetória real desde a Catedral de Saint-Paul em seus trajes de noiva-princesa, com o véu interminável. E que sofremos com o drama de sua separação e seu trágico fim, mostrado quase que instantaneamente para os quatro cantos do mundo, via satélite.

Hoje sabemos até o valor do ingresso para visitar seu túmulo e quanto tempo teremos de esperar para integrar a mórbida excursão, esgotada em sua primeira edição. Quem sabe não reservaremos passagens, via Internet, para um período de baixa estação... Mesmo depois de mortos, os famosos continuam rendendo. Espero, ao menos, que a lápide da princesa não contenha a hipócrita inscrição "Descanse em paz".

Não os deixamos em paz. Mitos como Ayrton Senna, a princesa Diana e até mesmo o popular Garrincha, que deu mais lucro morto do que vivo, não têm sossego. São produtos, marcas famosas que precisam continuar faturando. Já não se trata de homenagens, mas de exploração. Biografias nem sempre autorizadas tornam-se best sellers. Revistas de fofocas vendem às pencas. Reproduções de objetos "pessoais" consagram-se como verdadeiros fetiches. Assim é o mundo em dias de aldeia global.

Foi-se o tempo em que fofoca era coisa de gente desocupada, velhas senhoras com cotovelos calosos, de tanto se debruçar nas janelas, pescoçando o entra-e-sai da vizinhança. Vasculhar a vida alheia, atualmente, é bom negócio e pode render algumas centenas de milhares de dólares. A primeira foto da filha de Madonna saiu por U$ 150 mil; um clique da dupla Brooke Shields e o ex-maridão André Agassi valeu U$ 100 mil; a imagem da diva Jackie Onassis nua custou à revista Hustler a bagatela de U$ 1 milhão. Quem tem olho clínico para enxergar notícia e algum talento com uma câmera fotográfica na mão talvez permaneça no anonimato, mas recebe a sua parte em dinheiro, muito dinheiro.

A saga dos paparazzi – repórteres fotográficos da sensacionalistas – teve origem em 1958, quando o fotógrafo italiano Tazio Secchiaroli tornou-se famoso por apanhar da atriz Anita Eckberg. Foi ele quem inspirou Federico Fellini na criação do personagem Paparazzo, no filme *La Dolce Vitta*. Paparazzo era o nome do fotógrafo que acompanhava Marcello Mastroiani, no papel de um colunista social; a tradução literal significa "borrachudo".

Egos inflados se autopromovem através de um verdadeiro vale-tudo. Sucesso nada tem a ver com fama, mas esta tem um alto preço. Você, leitor, sem dúvida, pode ser um advogado, engenheiro, médico ou executivo de sucesso; talvez não seja famoso além das quatro paredes de seu escritório ou das reuniões de entidades de classe. Quem sabe nunca tenha tido sua foto publicada em jornal, apesar de seus grandes feitos bem-feitos. Mas, os que vivem da fama, fazem o que podem para nela permanecer. Descer um único degrau pode representar um retrocesso de quilômetros na carreira. E ninguém está disposto a ser o último da fila.

Jacob Pinheiro Goldberg, PhD em psicologia, declarou numa entrevista que "freqüentemente o artista é uma pessoa que realiza sua legenda pessoal através do carisma ou do contato com o aplauso ou aprovação do mundo externo". De acordo com Goldberg, a libido do artista está voltada para ganhar o desejo alheio, por isso ele busca a conjugação entre a sua plenitude e a do outro. Quando exterioriza seu interior, está, na verdade, pedindo aprovação não apenas para o personagem que interpreta, mas para sua própria personalidade. "A cantora quer ser aprovada não só por sua performance, mas por suas condutas pessoais e seu modo subjetivo", enfatiza.

Indivíduos que dão importância exagerada a suas autobiografias ou que, através da mídia, estão sempre em desempenho, agem como se houvesse um trânsito do que é privado para o que é público. Essas características, em linhas gerais, podem ser consideradas formas de narcisismo. Se o indivíduo não se acautela, esse comportamento acaba por inflar seu ego, tornando-o hipersensível à crítica ou à desaprovação.

Kurt Cobain, vocalista da banda de rock Nirvana, suicidou-se com um tiro, não sem antes declarar não suportar o assédio dos fãs ou o peso do sucesso, vivendo dopado a maior parte do tempo. O mesmo destino tiveram Elvis Presley e Jim Morrison, do The Doors, que morreu de overdose. Na verdade, esse é um jogo que engana o público. "Muitas estrelas dizem que não suportam o sucesso, mas o que lhes é insuportável é o sucesso parcial. São pessoas carentes, que gostariam de experimentar o sucesso total, 'uterino', e este não existe", concluiu Goldberg.

Desenvolver uma convivência saudável com o público, sem aceitar a carapuça de deus, assumindo sua responsabilidade perante aqueles que recebem sua influência talvez seja o maior aprendizado para quem ganha notoriedade. Martha Gallego Thomaz, espiritualista, reforça a idéia afirmando que um pensamento ou atitude sempre acarreta responsabilidades, inclusive espirituais. "Os famosos precisam assumir os efeitos de seus procedimentos pois, como já dizia o Pequeno Príncipe, 'tu de tornas eternamente responsável por aquilo que cativas'."

Lembro-me da expressão angustiada de Cazuza, ao ser induzido por Marília Gabriela a assumir ser portador do vírus da Aids diante das câmeras de TV. Num misto de alívio e desespero, o irreverente cantor tornou-se uma bandeira contra a doença, ainda hoje empunhada com dignidade por sua mãe. Ao expor sua intimidade, Cazuza assumiu total responsabilidade pelo que lhe restava de vida. Não foi um ato escandaloso, visando autopromoção, mas a atitude corajosa de quem já não tinha nada a perder.

Preocupados mais com a matéria – e os lucros que a fama lhes possa render – do que com o espírito, ídolos vão surgindo aos borbotões e arrastando platéias que imitam suas roupas, sua maquiagem, suas coreografias, sotaques e comportamentos, nem sempre éticos ou aceitáveis. "Basta ver uma câmera na rua, que dezenas de anônimos se amontoam atrás do motivo principal, com pulinhos e tchauzinhos, na esperança de ganhar notoriedade", observa Martha Gallego.

Silvio Santos, Gugu Liberato e Fausto Silva que o digam. Em quadros que expõem a vulnerabilidade do ser humano, os protagonistas incautos fazem, de fato, "tudo por dinheiro". Uma moça foi capaz de tirar e vender o próprio sutiã no meio da rua, diante da câmera oculta, por uns trocados. Outros autorizam a exibição de imagens em situações grotescas, que atestam estado de idiotice contumaz. A audiência cresce, a fórmula é imitada e repetida à exaustão. Como se não houvesse criatividade para preencher as tardes de domingo.

Mas nós, os anônimos, também estamos ameaçados pela falta de privacidade. Somos assolados por informações a todo momento – o meio é a mensagem, dizia McLuhan. Não é preciso concordar com a programação da TV, basta apenas ter um aparelho e lá está você, globalizado, pois ao menor descuido o controle remoto escapa e zás... você dá de cara com alguma aberração da qual não é capaz de desgrudar o olhar, a não ser dez ou quinze segundos depois. E aí, registre-se para sempre nos recônditos do seu inconsciente...

Como bem afirmou Gustavo Krause, quando ministro do meio-ambiente, no contexto atual, "ecocidadão é o cidadão internetizado, celularizado e globalizado". A exemplo do clássico 1984, de Aldous Huxley, não podemos mais fugir do "grande irmão", com seu onipresente olho que tudo vê. Somos localizados num estalar (ou teclar?) de dedos nas mais bizarras situações: entre lençóis, debaixo do chuveiro ou – pior!! – sentados confortavelmente no troninho de porcelana, que deveria ser um local sagrado e relaxante de total privacidade, como o próprio nome já diz. Tensão. Urgência. E cague-se com um barulho desses!!

A parafernália eletrônica é massificante. Num piscar de olhos, em curtíssimo espaço de tempo já não podemos participar da ecologia do mundo sem uma agenda eletrônica, um computador, um telefone sempre à mão. Outro dia, aliás, vivi uma aventura cômica, não fosse trágica. Por conta e obra de nossa frágil telefonia, fui contemplada com uma linha cruzada em meu aparelho. Tirava o fone do gancho e lá estava o rapaz de voz macia e conversa mole cantando alguma incauta senhorita. Deixei passar alguns minutos, afinal sou do tipo que preconiza "o amor é lindo" sempre que possível. Nova tentativa, e ele de novo, com nova presa. E mais uma, e mais uma, e mais uma... Pra variar, num dado momento, dei de cara com o cidadão contando suas proezas de conquistador a um amigo do mesmo sexo.

Já havia, por mais de uma vez, solicitado ao D. Juan uma chance para que pudesse checar minha mala postal na Internet, sem sucesso. Decidi enfrentá-lo, afinal precisava saber meu saldo bancário, fechar o mês com o contador, fazer uma entrevista e, de quebra, conversar com meus pais sobre a família e a passagem do ano. E percebi que não poderia fazer nada disso, porque o gaiato, do outro lado da linha – e sabe-se lá de que lado da cidade – saberia então qual o número de minha agência, conta corrente, dinheiro em caixa, etc., etc.

De mãos atadas e dedos paralisados, minha única opção foi dirigir-me a uma agência bancária para checar os dados, enfrentar uma fila quilométrica e tomar providências. Sim, porque onde atua o ser humano a lentidão e a incompetência ainda prevalecem; com as máquinas fazemos depósitos em segundos e nem precisamos saber o que o caixa achou do último capítulo da novela mexicana...

Notaram o clichê preconceituoso? Estamos sendo catequizados para pensar desta forma e depois chorar ante a reportagem do desemprego... Mas, Deus é justo, e para mudar meu conceito, sentindo na pele que as máquinas nem sempre resolvem nossos problemas, superando o bicho homem, fiquei pendurada num orelhão por dez minutos ouvindo a mesma mensagem do serviço de consertos: "No momento nossos atendentes estão ocupados. Favor ligar mais tarde. Qüén, qüén, quén...".

Via Internet tenho contato com leitores, colaboradores e clientes. Isso torna minha vida mais fácil e ágil. Também recebo muitos boletins "informativos", podendo ignorá-los, caso seja esta a minha vontade. Tecnologia, globalização, tudo isso é oferta para facilitar sua vida e cabe a você selecionar o que de fato possa ser aproveitado. A questão maior é: estaremos aptos a fazer escolhas?

Falando em privacidade é imprescindível tocar no delicado tema intimidade. Somos verdadeiramente íntimos de nós mesmos? Numa passagem do filme *Tomates Verde Fritos,* uma terapeuta corporal convida um grupo de mulheres a examinarem suas vaginas com a ajuda de um espelhinho, causando espanto a uma dona de casa americana tradicional... Conhecemos nosso corpo? Seremos capazes de descrevê-lo? No que se refere aos nossos sentimentos, então, em geral somos bem ignorantes...

Conhecemos a fundo nossos companheiros, irmãos e filhos, aqueles com quem dividimos praticamente tudo, de bocados de doces a armários, de roupas a desodorantes, de aparelhos de som à tesourinha de unhas? Quem é ou já foi casado sabe o quanto terrível pode ser compartilhar uma cama, um banheiro, uma escova de dentes. Você ali, quietinha, cutucando o dedão do pé com um palito de laranjeira, e do lado de fora, o marido abominável perguntando: "O que é que você tá fazendo aí?"; ou "O que vamos ter no jantar?" Que ódio, que suplício, que agonia toma conta da gente! Isso quando o "cônjuge" (do dicionário Aurélio: "cada uma das pessoas ligadas pelo casamento em relação à outra") não invade sem bater, calças arreadas, acometido por uma dor de barriga daquelas...

Intimidade é um desafio a ser praticado nos dias de hoje. Cavar na agitação diária alguns minutinhos para ficar consigo mesmo, quietinho, em estado de paz e contemplação. Ouvir o silêncio, cultivar o diálogo interno, ocupar-se de si mesmo, criando uma barreira contra o mundo e as pessoas lá fora. No jornalismo, sabemos, nem tudo é notícia; adote esta regra para sua vida e exponha somente o que pode contribuir de maneira produtiva para o progresso da humanidade. E que sejam estas as palavras de ordem para o novo milênio: Abaixo a especulação celular!! Por um pouco de privacidade diária!! Pelo direito de "obrar" em paz!!!

Conquistando Privacidade

• Evite bisbilhotar a vida alheia. Tenha uma boa vida.

• Em vez de supervalorizar as conquistas de seus ídolos, use seus exemplos para alcançar suas próprias vitórias.

• Exercite estar exclusivamente com você por alguns minutos diariamente.

• Instale um "sensor" para perceber quando está sendo invadido. Para deter o processo de invasão, use a palavra mágica: *"Não!!"*.

TRABALHO

Faça o que Gosta

Goste do que Faz

Para Cecília, Yara,
Lívia, Zezé,
Heleninha e Juarez,
Helô, Tarcísio, Alê,
Carminha, Clô, Luis,
Yayo e Rui:
Gente que faz da profissão sua arte.

Criando seu Futuro

Festas!! Fogos de artifícios, fogo da bebedeira, fogo da paixão... Tenho certeza de que até os mais pessimistas, tendo sobrevivido a seus inevitáveis ataques de depressão de final de ano, olharam para o céu na virada, buscando uma estrela ou uma luz que servisse de mensageira para encaminhar a Deus um desejo de esperança, certos de que este ano que se inicia será melhor que o anterior.

Mesmo ante as estatísticas e as catástrofes preconizadas pela política, pela economia, por todas as instituições, no fundo, no fundo, todo mundo quer ser feliz e se permite uma dose extra de otimismo, já que é sempre melhor sonhar que ter pesadelos...

A adolescente prestes a entrar na faculdade. O rapaz tímido que almeja uma namorada. O desempregado que precisa urgentemente de trabalho. Alguém que deseja recuperar a saúde. Todos temos algo a realizar, não importa o tamanho do desafio; dependendo do momento e do lugar, esse objetivo, tão significativo para nós, assume a forma de um monstro enorme a nos sufocar ou de uma gigantesca montanha impossível de ser transposta. E vamos nós, rumo ao futuro desconhecido, sem saber ao certo aonde vai dar.

O futuro. Que tempo é esse? Existe mesmo ou será mera convenção que nos habituamos a aceitar como real? Depende de nós ou estará "escrito nas estrelas?"

Tenho algumas idéias a respeito de "como funciona" o futuro, baseadas em certas teorias, minhas próprias crenças e experiências pessoais. Em primeiro lugar, vem sempre à mente a frase perfeita do filósofo Sêneca ao afirmar que "não existe vento favorável para quem não sabe aonde quer chegar". É preciso ter uma meta – ou várias – pois ela é o primeiro farol a nos iluminar a direção a seguir. Como estabelecê-la? Em geral, parte-se da real necessidade, embora muitos ajam de maneira um tanto irresponsável, achando que, em se tratando de fantasia, bom mesmo é "sonhar alto".

Você aí, também almeja "um bom emprego" onde trabalha-se pouco e ganha-se muito? E a senhorita, está delirando com o eventual marido rico, lindo, amoroso, louro-alto-dos-olhos-azuis? Quantos não pretendem o estrelato, ganhar notoriedade do dia para a noite na multidão dos comuns? Se você planeja sua vida tendo por base uma série de ilusões e chavões dificilmente realizáveis, corre o grande risco de quebrar a cara. Mas, se a idealiza a partir de propósitos razoáveis, está a caminho de tornar seus sonhos reais à medida que queira.

Convém dar por certo o pressuposto que diz: "não existem *objetivos* irrealizáveis, mas *prazos* irrealizáveis". Muitas vezes, quando nos propomos uma determinada meta, não percebemos que estamos na contramão do tempo. Por isso, quanto mais a perseguimos, tanto mais distante ela se torna. Suponha que eu, na flor dos meus 39 anos, queira me tornar uma jogadora titular de basquete. Talvez não parecesse assim uma idéia tão absurda, visto que sou uma pessoa saudável, com um porte de certa maneira atlético e muito obstinada em meus propósitos.

Além disso, para qualquer modalidade esportiva sempre existe a categoria de veteranas, de modo que no basquete não deve ser diferente (note bem: eu disse *deve*, o que já demonstra minha ignorância no assunto, com um alto grau de "achismos" – *acho isto, acho aquilo*).

Pudessem tais empecilhos ser superados, confesso que meu objetivo primeiro era mesmo a doce ilusão de disputar as próximas Olimpíadas como titular na seleção brasileira feminina, aquela onde reinaram por longo tempo as rainhas Paula e Hortência. E a coisa se complica ainda mais ao reconhecer que, atualmente, não arremesso com precisão sequer uma lauda amassada no cesto de lixo, estrategicamente colocado a 30cm da minha mesa...

Este fato torna minha pretensão ridícula, almejando começar minha carreira de atleta quando as celebridades de idades aproximadas à minha já estão pendurando as chuteiras... Isso sem levar em conta pequenos "detalhes" como a aptidão natural, os treinamentos por anos a fio, a capacidade e a personalidade de seus treinadores, o entrosamento da equipe Medalha de Prata e outras "coisinhas insignificantes" que passaram despercebidas pelo crivo da minha ignorância desportiva.

Um amigo sempre me qustiona sobre o quesito "dom" e diz que nenhum de nós poderíamos jogar futebol como o talentoso Romário ou pilotar um carro de Fórmula 1 à maneira de Nelson Piquet, porque eles seriam dotados de um grau de habilidade inata que jamais alcançaríamos. Eu teimo na questão da persistência e acredito que o "dom" é composto pela velha fórmula: 1% de talento natural + 1% de inspiração... e 98% de transpiração!! Craques como Zico e Falcão afirmam que foi preciso muita dedicação e treinamentos extras para chegarem a seus níveis de excelência.

É sabido que o corpo "aprende" certas reações e com um bom desenvolvimento do poder da mente, esta se torna capaz de "lembrar" e reproduzir, de acordo com a vontade do jogador, aquele voleio de corpo na batida do pênalti que desespera o goleiro mais experiente, tornando-se, assim, a marca registrada do goleador. Mas, existe a questão do abstrato e incompreensível tempo.

Mesmo que eu deixasse de lado minha carreira de escritora; os compromissos assumidos como filha, esposa, amiga; ainda que tivesse dinheiro, saúde e pique para apenas treinar 18 horas por dia, um "sopro de sabedoria interior" me diz que eu não seria páreo para a nova geração do basquete para quem bola, cesta e quadra se tornaram, desde muito cedo, extensões de suas mãos, pernas, neurônios e corações. Logo, o sonho de ser jogadora é plenamente realizável; irrealizável é o prazo para que eu possa me preparar e me tornar uma profissional da equipe brasileira nas próximas Olimpíadas.

Aprendi a delinear meus objetivos seguindo um roteiro apresentado por Tad James, mestre em Comunicação e em Programação Neurolingüística (PNL). São as metas S.M.A.R.T., no Brasil traduzidas muito apropriadamente por seus seguidores como "objetivos E.S.P.E.R.T.O.S." A sigla resume, de maneira inteligente, os ingredientes fundamentais para que você possa perceber se aquilo a que está se propondo é algo "realizável". Também sinaliza se você está indo na direção de alcançá-lo ou se está perdendo tempo e energia, afastando-se do propósito inicial.

Quando você programa seu futuro através de objetivos E.S.P.E.R.T.O.S., percebe o quanto é capaz de influenciar o seu próprio destino, realizando suas metas de maneira organizada e bem-sucedida.

Um objetivo bem formulado tem, como primeira característica, ser **E**specífico. É preciso informar à sua mente o que você quer. Parece óbvio, mas existe muita gente que se programa de maneira inespecífica: "Quero um bom emprego, uma bom marido, uma boa casa". Para você, especificamente, o que é um bom emprego? Um lugar onde se aprende muito e que oferece oportunidade de crescimento profissional? Um ambiente de pessoas amigas, que colaboram umas com as outras, em vez de puxarem seu tapete? Ou ainda uma empresa bem estruturada, que ofereça salários acima da média do mercado, vale-refeição, décimo-quarto salário? Quem sabe tudo isso junto?

Quando você anuncia à sua mente "Tenho um emprego agradável, que me permite usar os conhecimentos que já possuo e me abre as portas para novas oportunidades, com uma remuneração justa de R$ X ao mês e benefícios extras – cesta básica, vale-transporte, participação nos lucros – tudo isso num ambiente cordial, com colegas simpáticos, eficientes e interessados em mim", então sua mente sabe por onde começar a busca. A partir daí ela impede você de perder tempo recortando anúncios de jornal que não sirvam ao seu propósito inicial, mantendo sua autoconfiança, evitando que, no desespero, você aceite "a primeira coisa que lhe aparecer pela frente" como um "bom emprego".

Através dessa estratégia, sua energia é poupada para a hora H, quando a verdadeira oportunidade se apresentará. Sua mente manda recados à sua porção inconsciente, fazendo com que todo o Universo vibre na mesma sintonia e lhe apresente o emprego com as características previamente definidas.

Por isso, convém também que sua meta seja informada à sua mente consciente de maneira **S**imples. Nada de enfiar na cabeça que, para ser feliz, você tem de ter um carro modelo Gol cor-de-rosa, com rodas de liga leve, volante espumado, bancos azul-turquesa, teto solar, antena espiralada cromada, um tremendo som, etc., etc., a pretexto de ser "específico". Se o que você necessita no momento é *um carro pequeno ou econômico*, informe apenas isso à sua mente (você já está especificando, tirando da frente todos os carros médios, grandes, de luxo...) e permita que o seu inconsciente lhe dê uma mãozinha "selecionando" o que de melhor se apresentar a você no cumprimento das suas conveniências.

Talvez bom mesmo seja um Corsa prateado, com ares mais sóbrios e menos espalhafatoso; quem sabe não é o modelo ideal para impressionar "aquela" garota ou demonstrar ao seu chefe que você, no furor dos seus 18 anos, é um sujeito ajuizado e de bom gosto, já que optou por um carro que tem a cor igualzinha ao dele... Mantenha firme a direção e permita que os bons ventos o levem.

Seu objetivo precisa ser também **S**ignificativo, ou seja, importante *para você*. Você não vai querer um Gol só porque está na moda; talvez um modelo utilitário de *design* menos arrojado seja mais interessante no momento, se o que você quer é montar uma lanchonete móvel e faturar uns trocados extras. Embora a mini-van não faça, nem de longe, o estilo "boyzinho-paquerador", esqueça o que os outros vão pensar e não permita que nada nem ninguém o desvie de sua meta.

Para que um objetivo aconteça no futuro, precisa ser formulado, desde agora, no tempo **P**resente. Se você informa à sua mente que "gostaria" de ter um carro, ela pode interpretar a colocação "ao pé da letra" e achar, de acordo com o tempo verbal utilizado, que "gostaria" quer dizer que você eventualmente "vai gostar no futuro" ou talvez nem goste mais. Para que o filme do fato consumado pareça realidade na sua cabeça, faça sempre suas afirmações no tempo presente (anuncie solenemente: "Eu tenho um carro econômico, que preenche totalmente as minhas necessidades. É um modelo pequeno, que facilita minhas idas e vindas no trânsito, com despesas baixas de manutenção", etc.)

E de maneira **P**ositiva: evite usar a palavra *não* nos seus enunciados e outras negações como *nunca, jamais*. Há quem formule suas metas expressando aquilo que não quer – "Eu não quero ficar doente", "Não vou ficar desempregado", "Não quero casar com homem/mulher pobre", etc. Mais funcional seria dizer: "Eu sou perfeitamente saudável"; "Tenho um emprego assim assado" (descreva como quer que seja); "Sou feliz ao lado de um companheiro(a) com as seguintes características"... Aprenda a afirmar *o que quer* e será isso que sua mente inconsciente vai perseguir até conseguir.

O segundo E de E.S.P.**E**.R.T.O. nos lembra que seu objetivo precisa ser **E**videnciado, ou seja, é necessário criar uma imagem em ação do que você vai estar vendo, ouvindo e sentindo quando seu objetivo se realizar de verdade. Imagine o ambiente à sua volta (você dentro do carro, dirigindo e se dizendo "Puxa, realmente fiz a melhor escolha; este é o carro ideal para mim"; e as sensações que vêm daí – o cheirinho de novo, a pressão das mãos no volante, o embalo do movimento). Se a imagem lhe trouxer sensações gostosas e reconfortantes, tudo bem, você está indo, literalmente, na direção certa. Se lhe causar inquietação, ansiedade, apreensão, lamento informar que você ainda não está preparado para ter/ser/viver plenamente o seu objetivo, pois alguma decisão limitante do passado faz com que você se sinta inseguro em relação a isso. Nestes casos, seu objetivo se realizará ape-nas mediante uma nova decisão, que pode exigir mudan-ças estruturais, uma virada de 180 graus no que se refere a algum valor extremamente importante em sua vida.

Na questão das decisões limitantes, gosto sempre de citar uma experiência pessoal bastante curiosa. Durante toda a infância e adolescência, considerei importante ser inteligente. Assim, me empenhava na escola para ser a primeira da classe e sempre privilegiei os desafios propostos à lógica e ao raciocínio. Apesar de bonita, nunca dei a atenção devida às coisas da aparência, trilhando o caminho da elegância sóbria, sem explorar meu tipo físico. Um dia, despertei para uma nova possibilidade: por que não ser inteligente *e* bonita? Passei então a caprichar mais na produção, através de roupas mais ousadas, conseguindo atrair para mim outro tipo de admiração, como elogios à minha postura mais feminina.

Reformulei meus conceitos e percebi que beleza não está necessariamente ligada a futilidade ou falta de capacidade intelectual. Com essa nova atitude, cresci e me aprimorei. Isso pode ser feito a qualquer momento, em qualquer área da sua vida. Evidencie novamente seu objetivo e perceba como suas sensações ficam muito mais confortáveis quando você decide diferentemente em relação a algum princípio já ultrapassado, que continua emperrando sua caminhada feito um freio de mão puxado.

É conveniente lembrar que todo objetivo deve ser também **E**cológico; como postula o primeiro mandamento da tradição de Wicca, a Bruxaria antiga: "Você pode fazer o que quiser... desde que não prejudique ninguém!!". Um objetivo ecológico é o que faz bem a você e não faz mal a quem quer que seja.

Se você pretende pintar os cabelos de azul, isso é plenamente ecológico (desde que a química não seja intoxicante a ponto de lhe fazer mal...). Se almeja "subir na vida", pleiteando um cargo de gerência, perfeito!! Não-ecológico seria almejar o lugar do *seu* gerente, criando fofocas e situações para que ele seja despedido, deixando o caminho livre para a sua ambição. Perceba quais os atrativos que você enxerga nesse posto e vá atrás do seu sonho, deixando em paz o gerente mandão que não larga do seu pé. Aí você mata dois coelhos com uma única cajadada: melhora de cargo e salário e se livra da chatice dele. Viva a Ecologia! Abaixo a cadeia alimentar! Não é preciso devorar ninguém para ser feliz!!

Como vimos anteriormente, uma meta há de ser **R**ealística para se realizar. E também **R**esponsável, o que significa que você deve estabelecer objetivos para você e não para outras pessoas. Parece óbvio, mas é bastante comum vermos esposas que fazem planos quanto ao marido mudar de emprego e ganhar mais; ou o filho ir bem na escola; ou a mãe melhorar a saúde. Se qualquer um deles tiver tomado alguma decisão limitante no sentido de impedi-los a seguir naquela direção, você vai dar com os burros n'água com seus planos, por mais bem-intencionados que sejam.

Quem sabe seu marido tenha decidido que, para ganhar mais, terá de trabalhar horas extras, deixando de lado o convívio familiar e considera que isso não é bom para ele nem para você. E seu filho tenha aprendido, através de alguma experiência mal-sucedida, que o irmão mais velho é o gênio, enquanto ele é apenas um aluno mediano. Ou sua mãe acredite no sofrimento purificador, deixando de buscar alternativas para se curar de alguma doença. Certos ou errados, não importa: eles decidem sobre suas vidas de acordo com suas experiências oparticulares e seus próprios recursos. E não há nada que você possa fazer sobre isso.

Nos caminhos da sua mente, porém, você pode mudar a sua vida, se assim desejar. A madame em questão pode muito bem programar um emprego e com isso reforçar o orçamento doméstico; a mãe aflita com o filho que vai mal nos estudos pode planejar descobrir a melhor maneira de, efetivamente, ajudar o filho – talvez ele precise apenas de apoio e atenção.

Ou quem sabe o inconsciente aponte, à filha preocupada, uma nova forma de terapia através de uma reportagem, um anúncio em jornal, capaz de curar ou amenizar o problema da mãe. Esses são objetivos passíveis de programação, absolutamente "responsáveis". E sua nova atitude acabará influenciando positivamente as pessoas envolvidas, contribuindo para que possam enfrentar suas decisões limitantes.

O T diz respeito a **T**odas as Áreas da Vida. Ou seja, para estar em equilíbrio, utilize a técnica de organizar seu futuro através de objetivos do tipo E.S.P.E.R.T.O. não apenas para ter saúde, sucesso profissional ou um relacionamento de ouro. É preciso planejar resultados em diversos segmentos, tais como: Carreira, Família, Relacionamentos, Saúde, Espiritualidade e Crescimento Pessoal. Você tem a chance de melhorar, simultaneamente, vários aspectos da sua vida. Experimente!

Por fim, suas metas precisam ser **O**rientadas no Tempo. Quando você quer que tal coisa aconteça? Comece sua afirmação estabelecendo uma data: "É 30 de abril de 200X e tenho um carro novo, econômico, seguro, bonito, etc." Lembre-se de planejar segundo prazos realísticos, para não se decepcionar.

A questão do merecimento pode surgir como uma pedra no caminho. Peça o que quiser e tenha a certeza de que aquilo que ainda não é seu de direito, causará certo incômodo no momento de ser evidenciado. Não se imponha limites antecipadamente. Permita-se usufruir do bom e do melhor. O Universo apontará o que lhe é conveniente, em concordância com seus desejos.

Agora é arregaçar as mangas e pôr a cabeça pra funcionar. Um futuro brilhante, sonoro e aconchegante espera por você logo ali. Aproveite a energia que todo Novo Ano traz, principalmente na entrada de um Novo Milênio. Não deixe para amanhã o que já poderia ter feito ontem... Desfrute de todo prazer e segurança de criar seu próprio destino. O Universo responde positivamente às suas melhores intenções. Vamos juntos nesta caminhada de amor, esperança e muitas realizações.

Passo a passo, o Mapa do seu Futuro

• Habitue-se a escrever suas metas.
• Verifique se seus objetivos são do tipo E.S.P.E.R.T.O.
• Relaxe, usando respiração compassada (Veja à página 13). Evidencie cada objetivo, ou seja, torne-o "real" na sua mente: imagine o que você vai estar vendo, ouvindo (ou dizendo a si mesmo) e sentindo quando suas metas forem alcançadas.
• Ao evidenciar seus objetivos, perceba se alguma coisa o perturba (pode surgir alguma imagem inquietante; ou um aviso da "voz interior", contrariando suas expectativas; ou ainda aquele "friozinho na barriga").
• Em caso positivo, confronte-se com suas decisões limitantes, aquelas que impedem você de alcançar seus objetivos. Então, *decida diferente.* Para isso, evidencie novamente seus objetivos, atento às sensações. Vá adequando as imagens até alcançar a completa sensação de bem-estar e segurança. Talvez o objetivo esteja "irrealizável" de acordo com o prazo proposto; ou lhe pareça "alto" ou distante demais. Nesses casos, consulte o "Método da Escada", apresentado na página 189 e "divida" seu objetivo em etapas, realizando-o passo a passo.
• Ordene, de acordo com as datas estabelecidas por você, o mapa do seu futuro.

Dinheiro Traz Felicidade

Nos primeiros meses de 1999, fomos bombardeados pelo noticiário econômico, que ocupou grande parte das atenções da imprensa escrita, falada e televisiva. A expressão soturna dos locutores noticiaristas e o tom austero e sisudo transmitido pelos jornais e revistas, davam a entender que o assunto era da maior gravidade. Falando num dialeto estranho, o "economês", o cidadão de classe média e cultura igualmente mediana, como eu mesma, pouco pôde compreender sobre o significado daquelas palavras. Mas, uma coisa ficava evidente: a terrível e inevitável recessão estava prestes a nos assombrar como uma alma do outro mundo, rondando nossas mentes e bloqueando nossa criatividade.

Tenho curso superior completo, através de uma das melhores Universidades do Brasil; viajando sem pressa por alguns países de língua estrangeira, pude observar os hábitos diferenciados de seus povos e aprender com eles. Assim, considerava-me bem preparada para a vida. Aí vem o maldito economês e me sinto desorientada, como uma criança perdida em meio à tribo hostil do capitalismo selvagem, com gente estranha ditando normas sobre o que devo fazer, sob pena de perder o rico dinheirinho conquistado através da combinação de milhões de letras colecionadas neste ofício de formar palavras e frases...

"Antecipe o pagamento de suas dívidas em dólares; afinal, nunca se sabe o quanto a moeda americana pode desvalorizar o pobre real nos próximos dias"; "Inflação do pãozinho francês! O aumento da farinha pode chegar a 17,83%!!" "Se você comprou um carro novo, perdeu dinheiro. Se for um sofisticado modelo importado, preste atenção para não acabar na miséria, pois as peças estão pela hora da morte e os distribuidores estão falindo por causa da crise!" Que pesadelo!

O que, até poucos dias atrás, eram ícones de sucesso, de repente se tornaram meus algozes, com uma faca afiada apontada para o meu pescoço. Ao menor movimento contra a vontade dos manda-chuvas da economia, zás... lá vamos nós, mulas-sem-cabeça, deixar ir por terra toda a nossa sensibilidade no trato das questões mundanas, já que eles pensam e planejam por nós. A ordem é que vistamos a mortalha de miseráveis representantes do país de terceiro mundo, sempre prestes a reverenciar a vitória do colonizador desenvolvido. Dizendo amém a todas as tolices ditas e propagadas por eles, em alto e bom som.

O grande teatro das ilusões econômicas nos impõe suas crenças e nos embala ao som dos gritos do sobe e desce nas Bolsas de Valores, pantomima difícil de entender. Depois, nos faz dançar miudinho num ritmo estressante, naquele afã de proteger nossa poupança, tendo por trilha sonora o frevinho bem-humorado na voz de Gal Costa: "Onde está o dinheiro? (O gato comeu, o gato comeu) E ninguém viu (O gato fugiu, o gato fugiu) O seu paradeiro está no estrangeiro... Onde está o dinheiro?"(*)

Se é para perder tempo com tolas especulações, proponho a substituição do termo "Economia" por "Con-

(*) José Maria de Abreu, Francisco Mattoso e Paulo Barbosa. *Onde Está o Dinheiro?*, faixa do CD *O Melhor de Gal Costa*, BMG Ariola.

trole de Gastos"; desta forma – por que não? – os economistas seriam designados pela honorável titulação de "controladores" dos nossos gastos, o que, certamente, os levaria às alturas. Pois já não surgiram tantas "profissões" esquisitas desde que a economia se "popularizou", globalizou e subjugou o mundo? Alguém pode me explicar o que é um megaespeculador? E um operador de mercados, o que faz?

Em tempos idos, cada profissional ganhava seus proventos com o suor do seu rosto; havia os agricultores, os artesãos, os mestres e também os pensadores. Todos eram especializados em seus ofícios e o respeito mútuo imperava. Todos agiam produtivamente, voltados ao bem-estar de sua comunidade. Ninguém vivia às custas de complicar a vida do outro. Além de balanços, cálculos, projeções e ilusões financeiras, o que de concreto produzem esses novos "profissionais"? Não fosse a barafunda em que eles próprios transformaram os mercados espalhados pelos quatro cantos do planeta, quanto lhes dariam por meia dúzia de dicas e anotações? Qual o senso prático e a utilidade de sua "criação"?

Dúvidas à parte, vamos em frente que atrás vem gente. Existe toda uma trama numérica que envolve complicados cálculos matemáticos, matéria na qual, sinceramente, nunca logrei grandes êxitos. Apesar disso, nada impediu que eu escrevesse meu próprio roteiro de vida, sobrevivendo a crises e mais crises, planos e mais planos econômicos, desde a mais tenra infância, fazendo, como diriam os antigos, meu pé-de-meia.

O estado de pânico alardeado pelos intelectuais do dinheiro apoiados pela grande imprensa apenas nos paralisa e embota nossa inteligência, refreando nossas iniciativas. Passamos a aceitar crenças limitantes como "É melhor pingar do que secar" ou "Pouco com Deus é muito". Muito com Deus não seria bem melhor?

A estagnação que nos propõem quando existe a intenção de refrear o consumo, faz com que a miséria aumente, pois quem está com o dinheiro – e tem a ilusão de "tê-lo" – segura-o com unhas e dentes, evitando que ele passe para outras pessoas, a fim de realizar seus sonhos ou suprir suas necessidades. Assim, como no ditado popular, alimenta-se tão somente a avareza que nada mais é que "viver na pobreza por medo de ficar pobre".

Dinheiro, quer como idéia, quer como moeda concretamente palpável, só tem razão de existir enquanto elemento de troca. Todos devemos ser centros captadores – portanto produtivos – e distribuidores de dinheiro. Quem guarda seu tesouro debaixo do colchão pode, da noite para o dia, amanhecer com um monte de moedinhas e cédulas de papel pintado, sem nenhum valor.

Existe um pensamento, se não me engano do astuto Stanislaw Ponte Preta, aceito por unanimidade: "É melhor ser rico e saudável do que pobre e doente". Em algumas de minhas palestras ou cursos, costumo fazer o teste, lançando a frase no ar para sentir como está a auto-estima e o senso de autovalorização da platéia. Pois não é que sempre aparece um sem-graça que fica em dúvida e ainda tenta fazer "análise combinatória": "E seu eu for pobre e saudável? Ou doente, mas rico?". Pé de pato, mangalô, três vezes!! Viu no que dá o tal raciocínio matemático?

A miséria reflete a doença mental de um povo; pobreza, como qualquer distúrbio, nada mais é que um estado de desequilíbrio: muitos com pouco e uns poucos, cada vez mais, com muito.

De onde vem a aceitação – e conseqüentemente – a escolha por ser pobre? De crenças limitantes como "todo rico é desonesto", "dinheiro é coisa do diabo", "dinheiro não traz felicidade", etc. Tudo isso precisa ser resignificado, ou seja, visto com outros (e bons!) olhos.

Riqueza não deve ser encarada, necessariamente, como sinônimo de desonestidade. Existem ricos honestos e também pobres desonestos... Temos vários exemplos de ricos bondosos aqui mesmo, pertinho de nós. Ayrton Senna, o corredor de Fórmula 1 multimilionário, empenhou talento e dedicação a serviço de sua pátria, tornando o Brasil conhecido como o melhor do mundo numa modalidade de competição que envolve milhares de milhões de dólares. Senna se dedicava a causas humanitárias, não apenas através de recursos financeiros gerados por sua Fundação; também esbanjava bondade e generosidade ao visitar crianças doentes em hospitais discretamente, sem fazer disso motivo de promoção pessoal.

Dinheiro é uma idéia da Inteligência Superior. É um símbolo de saúde, beleza, refinamento, liberdade. Quando usado com sabedoria, volta-se a atividades construtivas e beneficia a humanidade sob inumeráveis aspectos. Não compra a felicidade, mas torna possível a aquisição de bens que, momentaneamente, nos fazem felizes: uma roupa nova; aprender um idioma, ter um lar, um espaço sagrado para guardar suas coisas e compartilhar suas emoções; dispor de um carro que lhe permita levar suas experiências e emoções a mais lugares, bem disposto, já que você usufrui de uma condução rápida e confortável;

presentear os seres amados; e até mesmo adquirir alguma coisa aparentemente fútil: um objeto de arte, uma jóia, um cosmético, tirar férias, enfim, algo que sirva como premiação por seu empenho e suas conquistas.

Algumas pessoas confundem a autovalorização com instinto venal. Ok, você não está a venda... mas seu trabalho está! Pois se o dinheiro é o sistema de medida adotado para medir talento, a lógica apregoa que quanto maior o seu salário, maior o seu talento. Mas, quando um operário faz acordo para ter seu salário reduzido, contribuindo com sua parte para amenizr os efeitos da crise econômica, permitindo que colegas não tenham de ser demitidos, nem por isso sua capacidade diminui. Já o dinheiro... Assim, as leis que regem o cobiçado metal parecem não ter a mínima coerência. Por isso, não se deixe levar inocentemente pelas tais "leis de mercado". Elas foram criadas para manipular e enganar os tolos.

Não adianta sair por aí acreditando que "Um médico recém-formado ganha, no mínimo, R$ X, portanto não devo aceitar trabalhar por menos (ou devo pedir mais para mostrar que tenho valor)". Não há padronização possível, a questão não é de valor, mas de merecimento.

Trabalhar por "menos que R$X" até adquirir experiência ou sabedoria necessárias não é questão de desvalorizar-se, é um tipo de auto-investimento (Já que ninguém quis investir em você, você mesmo "assumiu o risco", criando uma oportunidade de mostrar o seu talento). Por isso, em qualquer atividade que exerça, pergunte-se antes "Quanto eu *mereço* receber por fazer isto?" e não "Quanto *vale* isto que estou fazendo?" Um pintor pode cobrar R$200,00 para reformar uma sala sem derramar um pinguinho de tinta no carpete, deixando as paredes lisas e uniformes como cetim. Então seu serviço *vale* a quantia estipulada, talvez mais. No entanto, se você for um aprendiz, vai gastar o dobro do tempo, um terço a mais de tinta e ainda vai ter de limpar tudo ao terminar, quem sabe até refazer duas ou três vezes uma única parede. Assim, apesar de ter tido mais trabalho, seu serviço pode valer bem menos... Depende da necessidade do cliente e da sua boa vontade em aprender e se aprimorar cada vez mais.

O mesmo raciocínio se presta a assalariados e funcionários públicos: não adianta ficar reclamando que "os homens do Planalto" não lhe dão aumento; você pode escolher se arriscar na iniciativa privada ou no sinistro mundo dos autônomos. Dizem que o mar não está pra peixe, mas você nunca saberá se não se decidir trocar a terra firme por um misterioso mergulho nas profundezas... Mas, não abra mão do seu emprego à toa. Do lado de cá, amigo, só ganha dinheiro quem tem jogo de cintura e criatividade para tanto.

Ao lidar com a questão do merecimento é oportuno checar a quantas andam seus valores pessoais, os princípios que norteiam sua vida. Alguma vez você já parou para se perguntar qual é o seu preço? Quanto um marido traído teria de desembolsar para que você desse um tiro mortal na esposa infiel? Quanto cobraria para aparecer nu nas páginas de uma revista especializada? E para se tornar um traficante de drogas? Ou prejudicar deliberadamente uma determinada pessoa?

A abordagem pode ser estranha, mas tem um saldo bastante positivo na questão da autovalorização. Por uma quantia bem menor do que a que você imaginou (para alguns itens sua resposta pode até ter sido "Não tem preço"), muitos de nossos políticos, fiscais, policiais e juízes, roubam, trapaceiam, enganam, traficam ou se ex-põem ao ridículo. Pois então, você é ou não é um sujeito de valor?

É importante refletir também sobre suas crenças no imponderável. Quanto dinheiro da imensa fortuna universal está disponível para você? No Universo próspero e infinito, há bastante para todos; você dispõe de uma conta corrente sem limites, basta alimentar essa idéia e suas atitudes o tornarão mentalmente rico. Sem se deixar abater pela avareza, pelas estatísticas dos economistas, pela depressão miserável experimentada por quem mergulha de cabeça na crise. Lembre-se: você não é o dono do mundo (ninguém é!) mas é filho do Dono (todos somos!!). Reivindique a sua parte na abundância universal.

Segundo especialistas em treinamento do pensamento positivo, a prosperidade segue leis peculiares. Dentre as variadas abordagens apresentadas, destacamos três que primam por sua simplicidade e coerência. A primeira é conhecida como "Lei do Vácuo" e consiste em criar espaços para a produtividade e a conseqüente remuneração; desfazer-se de tudo o que é supérfluo ou descartável cria uma atmosfera "enxuta", colocando seus objetivos em foco, facilitando suas realizações. O tal pensamento que apregoa "Quem trabalha muito não tem tempo para ganhar dinheiro" tem sua lógica, de acordo com esta lei. O que também não significa que você deva ganhar sem trabalhar, engrossando o guarda-roupa dos "cabides de emprego", concorda?

A segunda, denominada "Lei da Atração", segue o princípio de que "quando um desejo lhe é dado, a capacidade e as oportunidades para realizá-lo também são apresentadas a você". Fique esperto, é uma simples questão de identificação. Essa particularidade é chamada por alguns de intuição, oportunismo ou sorte, pelos mais ingênuos. "Estar no lugar certo na hora certa" é um exemplo típico da Lei da Atração em funcionamento.

Outra lei, tão importante quanto as demais, e talvez a mais "esquecida" é a "Lei da Troca" e baseia-se numa única pergunta: "O que eu devo dar em troca do dinheiro que quero obter?". Em geral, as respostas giram em torno de mais horas de trabalho, disponibilidade para dedicar-se a algum tipo de estudo (informática, um idioma, cursos técnicos de especialização), menos tempo para o lazer e a família, etc. Estamos habituados a ver sempre o brilho dos outros, ignorando quantas horas de lustro foram necessárias para chegar-se àquele grau de polimento...

Os problemas econômicos são conseqüência da falta de equilíbrio e da crença em conceitos absolutamente distorcidos que vão se firmando como grandes e sábias verdades. A pessoa de mente sadia não contrai *dívidas*. Em "economês" da Nova Era, dívida é sinônimo de dúvida; quando você sabe que pode quitar o compromisso assumido, então não há dívida, apenas parcelamento.

Se eu tenho dinheiro para pagar o IPTU tributado à minha casa, saldar uma parcela por mês representa apenas o adiamento do pagamento por uma simples questão de conveniência.

Quando escolho a "prestação", esse adiamento me oferece a oportunidade de empregar o restante do dinheiro de modo mais rentável ou produtivo. É claro que gastar mais do que se ganha é burrice e até mesmo os "gênios da economia" vivem cometendo esse equívoco e colocando seus países em situações constrangedoras.

Prejuízo é outra palavra banida do dicionário das pessoas equilibradas. Ser vítima de prejuízos nada mais é que conferir poder excessivo às outras pessoas, os "espertinhos" capazes de enganá-lo. Em geral, os que se dizem prejudicados são pessoas ganaciosas, que não têm senso de limites nem de planejamento; são, portanto, causa e não efeito da malandragem alheia. Quanto às *perdas,* estas surgem da crença do não-merecimento: "O que fácil vem, fácil vai"... Lembre-se: "Você só pode perder aquilo que não lhe pertence por direito divino."

Para lidar com dinheiro, adotei alguns princípios de teóricos do tema prosperidade que, na prática, funcionam muito bem. Um deles afirma que *"dinheiro não tem inteligência por si só"*. Coloque uma pilha de dinheiro à sua frente e espere que ele se multiplique sozinho; ao final de um dia, uma semana, um mês, você perceberá que a "mágica" não aconteceu. Tome as rédeas do seu dinheiro.

"Dinheiro requer atenção em dinheiro". Significa que, por melhor que seja sua intenção, se você não realizá-la com o objetivo de receber $X por isso, ela não lhe renderá um único centavo. Quando fizer algo visando lucrar dinheiro (e não elogios, carinho ou prestígio, por exemplo), deixe isso bem claro para você, para o Universo, e para as pessoas envolvidas no projeto.

"O dinheiro responde às minhas instruções". Crie estratégias para lidar com o dinheiro. Saber gastar, muitas vezes, é muito mais produtivo que saber ganhar. Estabeleça metas claras sobre como vai usar o seu dinheiro. E leve em conta que o dízimo, instituído pela maioria das

religiões, pode ser uma boa maneira de atuar como agente distribuidor de dinheiro, contribuindo para sua circulação e oferecendo oportunidade de progresso às demais pessoas, já que o crescimento dos outros reflete também o seu próprio crescimento.

"Toda prosperidade começa com uma idéia". Dinheiro sem criatividade não vale nada; invista em informação, em descanso e lazer (para gerar boas idéias), em qualidade de vida, auto-estima e satisfação pessoal. Faça o que gosta ou, ao menos, aprenda a gostar do que faz. Lembre-se que seus bloqueios e limitações podem ser reprogramados a qualquer momento, desde que você assim o deseje. Aceite o dinheiro não como uma finalidade em si, mas como um meio disponível para criar um mundo mais justo e abundante. Sonhe alto, faça planos e aproveite bem suas realizações. E seja mais feliz!!

Três etapas para a Riqueza

• *Substitua pensamentos negativos mentalizando:*

"Tenho em mim um estoque infinito e todas as minhas necessidades são satisfeitas instantaneamente".

• *Invoque a Inteligência Superior:*

"O Universo é a fonte instantânea e imediata de meus recursos, propiciando todas as idéias de que necessito em todos os momentos e oportunidades".

• *Agradeça sempre:*

"Agradeço à Inteligência Superior por suas riquezas sempre presentes, abundantes e eternas".

Oração para antes de todo e qualquer empreendimento

Oração Medieval recolhida pelo
abade francês Julio Houssay(*)

+ Deus Todo-Poderoso,
Deus Fortíssimo,
Deus Dulcíssimo,
Deus Altíssimo e Glorioso,
Deus Soberano e Justo,
Deus cheio de Graça e Clemência,
eu, ... (seu nome)
me apresento diante de Vossa majestade
e peço a Vossa bondade.
Dignai-vos a escutar minhas preces
e abençoai este empreendimento:
.... (diga o que prentende).
Esta graça vos peço!!

Vitórias e Derrotas

Naquele 13 de julho, o Brasil acordou de ressaca. Em tempos outros, se diria de luto, mas o bom senso prevaleceu após a vergonhosa derrota da nossa Seleção Canarinho frente aos algozes Franceses. Não foram bravos os nossos guerreiros e a crônica esportiva pouco lamentou a perda da taça que nos daria o orgulho de ser os únicos Pentacampeões de futebol do milênio.

Considerando a apatia que dominou nossos jogadores, cercados por olhares de admiração do mundo inteiro, igualmente apáticos se colocaram os jornalistas pelos quatro cantos do país – e por que não dizer, do mundo. A cada batalha vencida até chegarmos à grande final, a imprensa paralelamente mostrava, através de ímpetos de lucidez, o quanto se perdia com a paralisação de todos os setores da economia nos dias de jogos. A derrota era inevitável, ainda que cantássemos vitória.

Num ano eleitoreiro, apinhado de feriados prolongados que representam prejuízo na certa, os 90 minutos de jogo roubavam não apenas a cena, mais centenas de milhares de reais dos cofres públicos e privados. Além disso, havia os danos à saúde pelas bebedeiras, quebra-quebras, corre-corres, empurra-empurras, congestionamentos, poluição. Valeriam tanta angústia e sofrimento populares as estrelas milionárias, mais preocupadas com seus patrocínios do que com as mazelas de milhões de brasileiros ingênuos, que ainda acreditavam no futebolarte, no futebol-espetáculo? Fanatismos à parte, a Copa do Mundo de 1998 mostrou os dois lados da moeda, sagrando-se os franceses os grandes vencedores. Elogiados pela organização e suntuosidade que souberam dar ao evento, auferiram lucros e paparam a Taça, a primeira de sua história futebolística. É sabido que, a princípio, os intelectuais foram avessos à bárbara invasão; pouco a pouco, renderam-se à alegria contagiante – e aos números, que apontavam saldo positivo em vários aspectos.

A mescla cultural tornou essa Copa uma grande festa. De início, os anfitriões tentaram, à francesa, manter a estrita ordem e os bons costumes; aos poucos, relaxaram, passando de donos-da-casa a convidados, aproveitando pra valer. Com metas estabelecidas e disciplina, eles chegaram lá. E ainda cantaram de Galo em cima de seus favoritos, pois a admiração pela Seleção brasileira foi demonstrada através de simpática atitude ao tingirem de verde-amarelo a majestosa pirâmide do Louvre. Coisas de campeão...

Engana-se aquele que veste a carapuça de favorito: a vida é cíclica, e com seu movimento, ora nos coloca lá em cima, ora nos afunda lá embaixo. Ronaldinho, preconizado o Primeiro jogador do Mundo, não pôde mostrar seu futebol, imobilizado pelos adversários. Além disso, sucumbiu à final por conta de um mal súbito definido genericamente como estresse, mas que pode envolver desde problemas afetivos a disfunções neurológicas. Havia também suspeitas de que teria sido vítima – pasmem – de uma proposta milionária do seu patrocinador, deixando mortos de inveja os companheiros de equipe. Atacados pela síndrome do "uns com tanto, outros com tão pouco", teriam literalmente "chutado o pau da barraca", impedindo o craque de colocar os pés na bola e a mão na massa, ou melhor, na grana. Isso põe por terra, na prática, a teoria de que o melhor sempre vence...

Ganhar e perder fazem parte do processo de crescimento e aperfeiçoamento de todas as espécies. As derrotas são tão preciosas quanto as vitórias, desde que os aprendizados úteis sejam preservados. A Programação Neurolingüística (PNL) nos ensina que aprendemos muito mais com nossos erros do que com os acertos; pensamos mais neles e ficamos felizes e orgulhosos cada vez que superamos algumas de nossas "bobagens". Quando um acontecimento ocorre, não podemos mais voltar no tempo e modificá-lo. Reagimos, então, apenas à lembrança do fato. A lembrança sempre pode ser modificada positivamente, não o fato em si.

A sensação de vitória ou derrota, uma vez instalada em nossos "circuitos" cerebrais pode determinar nossa maneira ousada ou recatada de superar as dificuldades que nos são apresentadas ao longo de nossas vidas. Problemas não existem; são apenas objetivos colocados num lugar errado, conforme postulam os especialistas em PNL Joseph O'Connor e John Seymour.

Se formos encorajados desde pequenos a procurar soluções criativas – e portanto diferentes – a cada resultado inadequado que obtivermos com nossas ações, sem dúvida faremos parte do time dos "vitoriosos". Quando recebemos duras críticas, quando zombam de nós ou somos objeto de humilhações, tais comportamentos apresentados por outras pessoas cuidarão de reforçar em nós "o gosto amargo da derrota".

Muitas vezes, não nos apercebemos desses mecanismos; e vamos arrastando esse padrão equivocado ao longo da vida; aí é preciso despertar e ter em mente que você pode alcançar resultados diferentes através de atitudes diferentes.

Mais fortes, mais fracos. A evolução da mente humana, seguida de perto pela criação de suas engenhocas tecnológicas, tratou de buscar recursos que subvertem a ordem natural das coisas. Até hoje uma ágil gazela é presa fácil para um sagaz felino, mas a Índia e o Paquistão têm igual poder de fogo em relação a qualquer país de Primeiro Mundo, graças à bomba atômica. Se por um lado a Mãe-Natureza deve estar aborrecidíssima com os recursos criados pelo homem, por outro a Humanidade deve ser grata por não ter de aturar nenhum sorrisinho nazista de falsa superioridade. Ricos ou pobres, todos temos de manter a política da boa vizinhança através de um silencioso contrato selado pelo discernimento e equilíbrio de cada um. Os caminhos da chamada globalização se mostrarão válidos à medida que encurtarem não apenas distâncias, mas também a ignorância e a suposta inferioridade que ainda atormentam o ser humano.

A competitividade alimenta o binômio vencido/vencedor. Os que encaram a vida como um estimulante desafio, e este como exercício de criatividade e auto-superação, desenvolvem o espírito competitivo saudável. Já aqueles que, como na propaganda de uma famosa marca de tênis, insistem no pensamento mesquinho de que "não se ganha o segundo lugar, apenas perde-se o primeiro", criarão estagnações em alguma área de sua vida, tornando-se perdedores. Os chamados executivos que se consideram vitoriosos nos cargos que ocupam, em geral bloqueiam o fluxo da energia para outras prioridades, tais como saúde, afetividade, espiritualidade ou lazer. Assolados pela doença, pelo desequilíbrio emocional, pela idéia aflitiva da morte e pela rotina, além das fronteiras de seus mundos de negócios sentem-se perdidos, à mercê do abandono e da insegurança.

Ninguém é perfeito, embora alguns se esmerem ao percorrer as sendas que levam à perfeição; outros sucumbem ao primeiro tropeço, fechando olhos, coração e mente às adversidades da vida. A PNL traz uma grande contribuição ao desenvolvimento do ser humano quando nos mostra que não existem fracassos, apenas resultados. É claro que a idéia só é bem aceita por aqueles que exercitam constantemente a flexibilidade: se uma coisa não deu certo hoje, pode dar amanhã. Importantes são os fins almejados e existem vários meios para se chegar lá. Convém lembrar sempre que soluções éticas preservam o ecossistema: a vitória de um não implica, necessariamente, derrota de outro.

Quem admite a competição em sua vida como o único caminho para o sucesso sofrerá decepções na certa. São pessoas que vivem criando inimigos reais e imaginários, a pretexto de sempre levarem a melhor. Vivem em constante estado de alerta, e como conseqüencia, em constante tensão. Quando não têm a quem golpear, atacam a primeira vítima que lhes apareça pela frente. Tendem a desejar e manter o poder a qualquer custo. Estão sempre no jogo do "ganhar ou ganhar".

Não raro, as vítimas desses estranhos e inadequados

competidores são as pessoas mais fracas de seu convívio: subalternos, filhos, pais, maridos/esposas resignados. Esses tipos provocadores mantém seus relacionamentos através da manipulação do outro, impondo sua força e sua vontade. Se encaixam sob medida no perfil daqueles que "batem em mulher", "chutam cachorro", "tomam esmola de cego" e "dão nó em bêbado". São meros covardes tentando sobrepujar a si mesmos e às suas fraquezas refletidas no comportamento tímido e acuado do outro, espelhando seu próprio fracasso. Antes que possam enxergar sua real e desfigurada imagem, preferem construir uma outra, em proporções exageradas, criando uma falsa idéia de si mesmos.

Quando a questão é ganhar ou perder, é importante perceber o papel exercido por nossos valores, crenças e julgamentos. Alguns usam esses parâmetros para traçar uma estratégia viável, considerando que pode haver mudanças ao longo do percurso, levando em conta o que realmente é importante e tolerável em cada caso. Outros não se impõem limites, apostando todas as fichas numa única rodada; são jogadores em potencial, o que não significa que saiam sempre vencedores.

Repare o exemplo: enquanto muitos artistas de boa estirpe cultural encontram-se afastados da mídia por execrarem este ou aquele programa/apresentador, outros denominados "populares" ocupam horários nobres no rádio e na televisão, páginas e mais páginas nos jornais e revistas. Como o caso do palhaço/ator/cantor Tiririca, que exibe sua ignorância, sua feiúra (ele tira a dentadura e veste uma peruca estranha para se apresentar...) e sua pouca criatividade numa boa, gerando polêmica e fazendo escola. A seu ver e de acordo com a opinião de muitas pessoas, ele é um vencedor, um modelo a seguir: nasceu pobre, teve pouca escolaridade, não foi favorecido pela fada-madrinha no quesito aparência, de acordo com os padrões estéticos "normais", mas ganhou dinheiro e notoriedade às custas da questão envolvendo uma música de sua criação que, segundo a crítica, encorajava o preconceito racial. Vitória, para ele, é ter o que comer, o que vestir, onde morar e aparecer na mídia. Ele acredita ser um sucesso. Visto sob esse ângulo, ele é um ganhador. Você pagaria o preço?

Quando falamos em modelos de sucesso, precisamos estar cientes do sistema toma-lá-dá-cá que a vida nos impõe. O Universo nos oferece os recursos. O que você está disposto a dar em troca? Viveria como o Super-Homem, sem jamais poder revelar seu amor e sua identidade à querida Lois Lane? Peregrinaria por este imenso país-continente feito um menestrel, sem poder gozar do carinho familiar, em troca de muito dinheiro? Passaria mais horas em reuniões "importantes", deixando de lado as festinhas dos filhos e o bate-papo com amigos? As conquistas dos outros, aparentemente fáceis, têm um ônus que talvez você não esteja disposto a pagar. Cada qual precisa criar a sua própria fórmula para ser vitorioso.

Há quem acredite numa certa predisposição para o sucesso ou fracasso. Em Terapia da Linha do Tempo tais características são chamadas "fatores genealógicos". Há pessoas que aceitam informações do tipo "todas as mulheres da minha família sempre foram submissas" ou "os homens da minha família jamais tiveram jeito para os negócios" como verdades absolutas. Tais padrões representam apenas limitações auto-impostas por um aprendizado de repetição. São generalizações tolas, sem qualquer fundamento real – a não ser que você tenha herdado algum mal congênito que, ao se manifestar, o impeça de exercer esta ou aquela atividade.

Se você aceita aprender submissão e dependência com o modelo materno, dificilmente será uma empresária de sucesso. Se é apegado à idéia de que carteira assinada é garantia de emprego, buscará sempre a sombra protetora de um patrão. E, assim mesmo, pode ser um modelo vitorioso de acordo com seus valores, desde que viva feliz com a mesada oferecida pelo marido ou se mantenha empregado até a tão sonhada – e "garantida" – aposentadoria. Isso se deixar de lado a idéia de limitação "hereditária". Perceba: aqui também a questão envolve escolhas e não destino.

E já que falamos em destino, é bom lembrar que tolices como "gente que nasce virado pra Lua" estão totalmente fora de cogitação. Ninguém vem com o carimbo de "vencedor" ou "perdedor" gravado na testa. Desprograme de sua mente a idéia de carma associada a sacrifício, pobreza, inferioridade, aceitação. Se existe uma missão, você decide como cumpri-la. E a melhor opção, para qualquer caso, é o prazer pessoal que conduz à felicidade.

É interessante ainda focalizar o aspecto catártico da vitória ou da derrota, ou seja, o sentir-se bem diante dos feitos gloriosos de alguém ou prostar-se após eventuais fracassos, como se ele fosse seu representante legal, com procuração registrada em cartório. Nosso país, que já foi a Pátria de Chuteiras, felizmente parece ter amadurecido; após a lavada na Copa, a vida seguiu normalmente, e as preocupações giraram em torno de mudanças radicais na comissão técnica, o que foi bom sinal. Página virada, o que ocupou pauta do dia não foi uma liquidação de craques, mas um remanejamento acompanhado de novo esquema técnico e tático.

O caso é diferente quando nos referimos a perdas irreversíveis, como a do fabuloso Ayrton Senna ou do cantor sertanejo Leandro, derrotado em curto espaço de tempo pelo câncer. Ídolos jovens e promissores, vivendo o auge de suas carreiras, causaram comoção generalizada. Tais modelos puderam nos oferecer a oportunidade de refletir sobre a brevidade e fugacidade de nossa existência. Muitas vezes, acontecimentos assim servem para dar vazão aos nossos próprios sentimentos de fracasso e impotência diante dos imprevistos que a vida nos impõe. Não nos cabe, porém, mergulhar nessas batalhas perdidas como se fossem realmente nossas, assumindo a responsabilidade por algo que não deu certo.

Discernir diante de cada experiência vivida o que deve ser descartado e o que merece ser conservado é atitude própria de quem experimenta mais acertos do que erros; resultados insatisfatórios podem e devem ser reavaliados e reprogramados, evitando chover no molhado. Aquilo que funciona é adotado como estratégia passível de ser aprimorada e mudada a qualquer momento.

Planejamento é fundamental para quem quer vencer na vida. Pensamento positivo ajuda, pois proporciona a você o estado de relaxamento necessário a novos aprendizados, elevando a autoconfiança e auto-estima. Meditação, oração e qualquer outro instrumento que fortaleça a sua fé são recomendáveis.

O verdadeiro vencedor é aquele que aprende com todas as suas experiências; mesmo ante resultados adversos, ele não desmorona nem desanima. É do tipo que diz: "Perfeito!! Agora já sei como não se faz..." e toca o barco, remando em outra direção, desde que chegue ao lugar desejado. Sem lamúria, sem sofrimento. Apenas acreditando que a vida é uma surpreendente aventura, e que se soubéssemos tudo, não teria a menor graça...

Examine Seus Modelos

• Verifique o modelo que adquiriu na infância. Você era encorajado ou criticado por seus pais diante de algum fato que "não deu certo"?

• Que imagem você faz de uma pessoa vitoriosa? Você se parece com ela ou é exatamente o contrário?

• Verifique seu modelo atual. Você costuma se elogiar ou criticar diante de algum resultado indesejado?

• Faça *planos para o futuro* contando com *recursos do futuro*. Por exemplo, se você almeja a cura para uma doença, considere que, com o tempo, novas drogas e tratamentos vão sendo descobertos, por isso seu objetivo é realizável... *no futuro*!! Se deseja ter uma casa na praia, talvez isso não seja possível com seus atuais recursos. Mas, *no futuro*, você poderá crescer profissionalmente e ganhar mais...

• Aprenda a fazer a "ponte para o futuro". Antes de tomar uma decisão importante, "imagine", com riquezas de detalhes, pelo menos três soluções que o caso em questão poderia assumir no futuro (até mesmo algumas aparentemente absurdas). Escolha a que lhe parecer mais adequada e vá em frente!

Arriscando para Crescer

A humanidade vive um momento atípico. Quedas nas bolsas de valores em todo o mundo, ameaças de desemprego generalizado, confusão mental, medo, recolhimento. As perspectivas alardeadas pelos veículos de comunicação não são as melhores, gerando instabilidade emocional e a antecipação de desastres econômicos que talvez nem cheguem a se consumar. Diante de tanta informação negativa, manter a calma e o equilíbrio é um desafio somente superado por aqueles que já adquiriram uma nova consciência planetária através de exercícios constantes de fé, auto-estima e otimismo, fundamentados na intuição que supera a razão e nos instintos que põem de lado os números apresentados pelas estatísticas.

Em tais situações é preciso serenidade para o pleno exercício da criatividade. E a manifestação desta depende do grau de desapego e flexibilidade que cada um possui para reverter as adversidades da vida. Vejo, aliviada, que antigos e rançosos radicalismos vêm dando lugar às negociações e ao jogo de cintura.

Um dos sindicatos mais expressivos e firmes de São Paulo, o dos metalúrgicos, aceitou, sem dramas nem discursos contra o patronato, um acordo temporário de suspensão de contrato de trabalho. Durante um período, os funcionários que aderiram ao pacto teriam seus salários reduzidos e ficariam em casa ou fariam cursos de especialização; depois, retornariam e teriam seus empregos garantidos por mais um tempo, estando todos confiantes de que a roda da produtividade em breve voltaria a girar, evitando demissões. A eles, meu respeito e meus aplausos. Começaram, assim, a assumir responsabilidades por suas vidas e seus destinos, deixando de se esconder sob as asas protetoras do patrão, e de perpetuar o velho e gasto modelo patriarcal que busca extrair o máximo de direitos com o mínimo de obrigações.

A história nos acena com uma incrível oportunidade de crescimento e amadurecimento. Deixemos de lado a rigidez e os modelos pré-concebidos. Sejamos positivamente aventureiros e nos lancemos a novos caminhos sem a dúvida que nos divide e enfraquece cada vez que olhamos para trás com pesar. Sigamos adiante, meio ao estilo do Cinema Novo brasileiro: uma idéia na cabeça e uma câmera (ou qualquer ferramenta que nos seja útil) nas mãos. Sempre em frente, que atrás vem gente.

Teremos seguidores, pessoas que nos acompanharão na nova jornada. É preciso que cada um tenha consciência dos riscos envolvidos, e saiba qual a sua parcela de contribuição para que os resultados sejam alcançados.

A previsão de futuro sempre envolve a questão do tempo e quando este urge, temos de ser rápidos nas idéias e nas ações. Um bom momento para utilizar o "Método da Escada", uma prática bem comum em visualização criativa: o objetivo final, mesmo que colocado "lá longe" começa a ser alcançado degrau a degrau, através do estabelecimento de pequenas metas que conduzem ao resultado almejado, e vão sendo superadas sem muito esforço. Não há tempo a perder, é preciso senso prático e de realização para que possamos superar esta maré.

Até mesmo quem não aprendeu a nadar pode se dar bem: basta agarrar algum pequeno apoio flutuante e bater os pés na direção desejada. Quem se deixar levar ao sabor das ondas, porém, não pode reclamar se, literalmente, der com os burros n'água. Corpo leve e mente aberta permitirão a você ficar por cima, boiando em pleno maremoto, em contato direto com a imensidão do céu, iluminado por sua divina Luz.

Na década de 70, a mídia promoveu espontaneamente uma lanchonete paulistana que recebeu o estranho nome de "O Engenheiro Que Virou Suco". Na verdade, o engenheiro em questão não havia sido literalmente centrifugado, servido em copos e sugado por canudinhos; simplesmente deixara de lado seu diploma e resolvera abrir um estabelecimento com o curioso nome que contava um pouco da sua história pessoal.

Nunca freqüentei o tal bar e já não me recordo onde se localizava, motivo pelo qual não posso dizer se existe até hoje. Mas, lembro-me bem da época, pois vários amigos engenheiros, que estavam desempregados, aplaudiram a iniciativa do colega, embora torcessem o nariz à remota lembrança de terem, eles próprios, de servir alguém numa mesa ou num balcão. Filhos de comerciantes, de donos de padaria ou feirantes queriam para si algo "mais nobre" e "enriquecedor", como o trabalho mental.

Houve até um deles, que tendo concluído também a escola superior de Educação Física, revoltava-se contra os olhares furtivos do pai quando este o via em casa, em plena tarde, assistindo à TV, à espera de um chamado que representasse uma entrevista para uma colocação, depois de ter perdido o emprego. "A culpa é sua", alfinetava o rapaz. "Quando eu ia jogar bola na rua você me dizia: 'Vai estudar!' Quem sabe, hoje, eu poderia ser um Pelé, um Zico, em vez de ser um engenheiro desempregado..." Quem sabe?

Passada a maré, meu amigo persistiu, conseguiu boas colocações e hoje é consultor independente, administrando seu próprio tempo numa consolidada carreira de sucesso. O diploma de Educação Física, sua verdadeira paixão, está guardado como um troféu, sem nunca ter tido serventia. Fico me questionando sobre se o desemprego na área de engenharia não teria sido providencial naquele momento, dando-lhe a chance de procurar colocação naquilo que mais desejava. Águas passadas; se o que importa mesmo são os resultados, é inegável dizer que ele chegou lá...

Outro caso curioso é o de uma amiga advogada, daquela geração que execrava o modelo de dona de casa submissa e dependente adotado pela maioria de nossas mães. De posse de seu diploma, atuando no ramo imobiliário, ela se considerava uma executiva de sucesso, deixando as prendas do lar aos cuidados de sua assistente doméstica, enquanto se dedicava a contratos, clientes, idas e vindas aos fóruns da Capital.

Divorciada, com dois filhos e no segundo casamento, ela tinha independência financeira para oferecer "do bom e do melhor" aos meninos, segundo seu entendimento. Até que um deles adoeceu, ficando internado em estado grave; os diagnósticos eram diversos, embora apontassem para um problema comum: a desnutrição.

Confusa com a revelação, ela aceitou o parecer de seu segundo marido, vegetariano convicto, e passou a se ocupar pessoalmente da alimentação das crianças, estudando vários tipos de dietas, interessando-se por macrobiótica, desintoxicação, plantas medicinais, o poder das fibras, a energia sutil dos alimentos crus e muitos outros temas interessantíssimos para quem, novata, sempre evitara "pôr a barriga no fogão". Optou conscientemente por deixar de lado a carreira e dedicar-se à família, principalmente no preparo das refeições.

Com o passar do tempo, sua pesquisa pôde ser aproveitada profissionalmente: primeiro, ela filiou-se a uma Cooperativa de distribuição de produtos naturais; em seguida, passou a atuar como culinarista, adaptando seus conhecimentos às receitas tradicionais, buscando uma maneira de enriquecê-las e torná-las mais "vivas" e "energéticas". Hoje é dona de uma loja de alimentos alternativos que também oferece um espaço para palestras e cursos sobre assuntos correlatos, oferecendo oportunidade a outros profissionais de compartilharem seu público e seu trabalho.

A história me traz à lembrança a figura de outro amigo, engenheiro mecânico, que deixou uma promissora carreira na Volkswagen para gerenciar os negócios da família, uma barraca de frutas no Mercado Central, zona cerealista de São Paulo. As coisas deram certo, embora não tão bem como ele esperava: com a experiência adquirida, ele montou seu próprio mercado, no estilo "sacolão", num bairro de classe média da região sul. Adeus às ferramentas e chapas, sem dor no coração. Com o telefone celular em punho e disponibilidade para viajar, ele se aventura pelo interior do Estado à procura de safras de frutas e verduras que garantam bom preço e qualidade ao seu negócio, conquistando a clientela, prestando bons serviços e gerando novos empregos.

Meu marido é outro exemplo de maleabilidade. Diplomado engenheiro metalurgista, já se considerava uma espécie em extinção. Sua área de atuação foi sendo absorvida pela engenharia mecânica e de produção. Insistindo na idéia de sua "especialização", na certa engrossaria as fileiras dos desempregados. Surgiu, porém, a oportunidade de trabalhar como gerente de manutenção – cargo que exigia grau superior – em uma grande empresa de computadores, com os quais ele tinha pouca intimidade. Mas, manter uma fábrica funcionando, fosse qual fosse o produto, era da sua competência.

Substituindo o glamour da gravata pelo macacão, arregaçou as mangas e foi à luta, até se dar por satisfeito. Mais tarde, recebeu um convite do pai para administrar um *flat* da família em sociedade com amigos. Sua experiência em manutenção foi de grande valia para tornar o ambiente ainda mais acolhedor e funcional, com gastos mínimos. O atual desafio é reduzir ainda mais os custos para manter a equipe, já bastante enxuta, na ativa, evitando demissões nos períodos de baixa ocupação.

O orgulho pode representar um grande entrave ao progresso pessoal. Lembro de um amigo, gerente de uma famosa casa noturna do bairro boêmio do Bixiga, que certa vez colocou na cabeça que ganharia mais dinheiro trabalhando nos Estados Unidos, a exemplo de um seu conhecido. Profissão? Limpador de casco de navio, correndo os riscos de ser apanhado pela imigração e deportado como uma encomenda indesejável, um daqueles embrulhos de que a gente quer logo se ver livre, varrendo para fora de casa... No entanto, no aconchegante ambiente à meia-luz ele não queria ser visto limpando mesas ou servindo clientes, "que isso é trabalho para garçon..." Ué! E garçom, por acaso, é menos que limpador clandestino de casco de navio?

Muitas pessoas deixam a oportunidade escapar entre seus dedos por falta de informação ou de flexibilidade. Conceitos aprendidos com nossos familiares podem estar totalmente superados na atualidade, representando entraves ao nosso progresso pessoal. Volto à carga com a correta afirmação de que não "somos" assim ou assado, apenas "estamos" desempenhando este ou aquele papel. É claro que, em qualquer situação, é sempre bom ter em mente alguns princípios éticos fundamentais, dentre eles "não roubarás", "não matarás", "honrarás pai e mãe" e "não cobiçarás as coisas alheias".

Sem dúvida alguma, a flexibilidade dá o tom do sucesso; bem sucedido é aquele que sabe quando e como mudar. O momento requer que nos tornemos "especialistas em generalidades", ou seja, que conheçamos um pouco de tudo: idiomas, informática, planilhas financeiras, otimização do tempo, técnicas de comunicação. Hoje já não podemos recusar tarefas a pretexto de não serem da nossa conta. Tudo se relaciona com tudo nesta intrincada trama criada pelo mundo globalizado.

Quando, treze anos atrás, deixei a gerência de uma pequena editora e me dispus a montar meu próprio negócio, me sentia dividida. Por um lado, via meus amigos crescerem em grandes corporações, e sabia que talento não me faltava. Por outro, desejava utilizar meu potencial empreendedor à minha maneira, visando meu próprio progresso e não apenas aumentar a safra de bons frutos para quem já era produtivo.

Meu sonho era ter um cantinho fora de casa, separando despesas, tudo direitinho. Eu transformara um dos quartos de meu pequeno apartamento em escritório, o que me parecia bem pouco profissional. Era a secretária, a orçamentista, a office-girl, a vendedora, a designer gráfica, a administradora. Desempenhar tantas funções não me parecia adequado.

Certa vez consultei um amigo – outro engenheiro, este naval, com pós-graduação no Exterior, bastante culto e viajado, que se tornara sócio de uma grande empresa –, falando sobre minha ansiedade em "me estabelecer", o que na minha cabeça "executiva" era sinônimo de "ter um estabelecimento comercial". Ele me recomendou serenidade, dizendo que, num futuro próximo, a maioria dos executivos estaria trabalhando em casa, nas exatas condições em que eu me encontrava naquele momento. Aquilo me pareceu uma grande tolice: quem deixaria a mordomia do escritório bonito, da secretária, do contato com os colegas, da segurança e do status que tudo isso oferece para se enfiar num escritório "doméstico"? Suas observações soaram como uma grande insensatez.

Outra recomendação importante foi que eu me acercasse de toda tecnologia de que pudesse dispor: computador (eu tinha horror!!), telefone com memória, fax, secretária eletrônica e tudo aquilo que facilitasse minha vida. Adotei esse conceito e suas previsões foram se tornando realidade pouco a pouco. Muitos dos executivos de sua empresa foram-se tornando prestadores de serviços, ganhando mais e representando menos despesas para a corporação. Passaram a trabalhar em suas próprias casas, munidos de computadores pessoais, e mais recentemente, de telefones celulares, recuperando o tempo que perdiam no trânsito e no retorno das ligações antes captadas por engenhocas eletrônicas ou serviços de recados. Economizaram em gasolina, roupas, almoços e uma série de outras superficialidades. Ganharam momentos especiais compartilhados com suas famílias e se tornaram donos de suas agendas e de seus finais de semana. Sinal dos novos tempos que, por um "casual" pioneirismo, venho vivendo desde aquela época, superada a aflição inicial.

Outro amigo, talvez o profissional mais ambicioso e bem-sucedido de meu círculo pessoal, deixou a promissora carreira de altíssimo executivo, depois de ter triunfado nos Estados Unidos, para abrir uma franquia de uma rede internacional de lanchonetes próxima às paradisíacas praias de Fortaleza. Apesar de seu talento excepcional na administração de grandes negócios, pesou muito na decisão a questão da qualidade de vida e do tempo disponível para a família e o lazer.

Tenho a mais absoluta certeza de que ele, em breve, multiplicará o capital investido, bem como terá uma vida longa e próspera, esticando suas pernas em caminhadas pelas areias cearenses em vez de encolhê-las nas poltronas, ainda que de primeira classe, de um avião, respirando por horas a fio o ar gelado e o sorriso condicionado dos gentis comissários de bordo.

E já que mencionei tantos exemplos de amigos queridos, é sempre bom lembrar que, em tempos de crise, eles podem ser de grande valia para ajudá-lo a dar sua grande virada. A onda do networking ("trabalho em rede", neste caso "rede de relacionamentos") veio para ficar. O Q.I. (quem indicou) pode ser muito útil, desde que você tenha o que oferecer: um bom currículo, muita informação, conhecimentos teóricos, e práticos, e acima de tudo, senso de hierarquia.

Em se tratando de relacionamentos comerciais, é sempre bom lembrar que certas pessoas não sabem se comportar profissionalmente com seus amigos; ficam logo folgados, confundem as coisas, querem "encostar", tomar um chopinho, sentar na cadeira do chefe sem a menor cerimônia ou choramingar seus problemas pessoais como justificativa de suas falhas, buscando envolver o amigo hierarquicamente superior em tramas emocionais dignas de folhetim barato. Resultado: perdem o amigo e a oportunidade.

Sempre é possível fazer diferente, embora, às vezes, não nos damos conta disso. Em certas ocasiões, desperdiçamos oportunidades por puro conservadorismo, medo ou preguiça de mudar. Se você percebe que as coisas ao seu redor não vão bem, em vez de lamentar, prepare-se! Estude, faça cursos, leia, e antes de mais nada, conheça-se bem, para saber quais são os seus pontos fortes e quais os que ainda precisam ser aprimorados.

Talvez seja a hora de ouvir seu coração e dar asas às suas aptidões, realizando algo de que verdadeiramente goste. Muitos profissionais bem-sucedidos começaram vendendo meio quilo de patê de fabricação caseira para pessoas de seu círculo de amizades; ou oferecendo serviços úteis por telefone; ou criando peças exclusivas como bijuterias ou porcelanas personalizadas. É você quem estabelece seus limites. Acredite, você é capaz!

Visualização Criativa: O Método da Escada

1) Coloque-se em posição confortável, inspire e expire profundamente três ou mais vezes, num ritmo compassado (veja p.13). Relaxe. Mantenha o ritmo durante todo o trabalho de visualização.

2) Imagine o que você quer fazer no futuro (que tipo de atividade estará desempenhando, como estará sua vida, etc.)

3) Imagine o que é necessário para que seu desejo se transforme em realidade. Coloque cada etapa dessa realização num "degrau" imaginário (na seqüência em que deverão ser realizadas para atingir o objetivo final).

4) Visualize cada etapa se realizando, uma interligada a outra, como num filme.

5) Visualize o objetivo final (descrito no item 2) já realizado. Observe como vai estar se sentindo quando isso acontecer e faça alguma afirmação mentalmente ou em voz alta sobre a sua agradável sensação. (Obs.: Se a sensação for desconfortável, procure imaginar algo que lhe pareça "mais fácil" ou "mais acessível" no momento. Com a prática, em breve o objetivo final também lhe parecerá plenamente aceitável).

Em momentos de crise, é bom lembrar que...

Se uma pequena luz te atrai, segue-a; se te conduz ao pântano, logo sairás dele. Mas, se não a segues, toda a vida te mortificarás pensando que talvez fosse a tua estrela...

Sêneca

Se realmente entendemos o problema, a resposta virá dele, porque a resposta não está separada do problema.

Krishnamurti

Um desejo nunca lhe é dado sem que lhe seja dado também o poder de torná-lo realidade. Mas você pode ter de trabalhar para isso...

Richard Bach

Penso 99 vezes e nada descubro. Deixo de pensar, mergulho no silêncio, e a verdade me é revelada.

Albert Einstein

Algumas pessoas vêem as coisa como elas são e se perguntam: Por quê? Eu sonho com coisas que nunca existiram e me pergunto: "Por que não?"

Bernard Shaw

O Prazer de Fazer Bem Feito

Naquela exposição de flores, tudo é beleza. Densas folhagens, mudas de árvores frutíferas, samambaias às pencas, violetas colorindo os tristes vasos pretos de plástico. Num dos estandes, apoiado numa mesa improvisada com uma prancha de madeira e dois cavaletes, um homem idoso, descendente de japoneses, chama a atenção com sua voz suave e fala atrapalhada. "Cortar assim, bom!!!", repete animado, picotando alguns milímetros da ponta de um galho da arvorezinha anã.

Bonsai é o nome da graciosa obra de arte, motivo de orgulho segundo a tradição japonesa; um pequeno tesouro passado de geração a geração, que chega a atingir algumas centenas de anos através dos cuidados dispensados pelos herdeiros àquela criaturinha contorcida e viçosa, cujas raízes afloram da terra com um ímpeto vulcânico, exibindo a força da natureza. Assim, bom!!

Melhor ainda o olhar do cuidadoso senhor, que reflete o viço e a alegria de viver da árvore mirim. Inventores dos rádios portáteis a pilhas, da televisão de 5 polegadas, dos gravadores de bolso, os orientais são especialistas em miniaturizar o mundo. Sei que foram movidos pela necessidade, já que algumas moradias no Japão, por exemplo, se assemelham mais a cabines de trem... Mesmo assim, somente o desenvolvido poder de concentração, a paciência adquirida através da meditação e a agilidade motora que favorece as pessoas de biotipo delicado, em suas longas e frágeis mãos, permitiriam a criação desse universo de Gulliver.

Para um público atencioso, o velho japonês explica que modelar uma árvore em miniatura àquela maneira requer muita habilidade e intuição; é preciso saber exatamente onde e quanto podar, para manter a beleza e o equilíbrio. Sem pressa, sem ansiedade, deixando o tempo fazer a sua parte no processo escultural. Muitos dão de ombros e vão embora, achando que aquilo é mesmo "coisa de japonês"; outros deixam transparecer o verdadeiro encantamento através do brilho nos olhos. Agarram um cartãozinho sobre a mesa, ávidos por fazer parte da próxima turma a quem a técnica e arte do bonsai serão ensinadas. Interesse apenas não basta; são necessários muito treino e dedicação, pois capricho é questão de foro íntimo, exigindo calma, disciplina e boa vontade.

Neste nosso mundo tão rápido e descartável, o fazer bem feito parece ter perdido seu lugar. Nunca mais as camisas de linho cuidadosamente bordadas, personalizadas com as iniciais de seu dono. O que se vê, hoje em dia, são logomarcas estampadas em modelos de tecido sintético, às vezes de extremo mau gosto. De olho no bolso do gerente de banco à sua frente, o velhinho pergunta: "Mas o Camargo da sua família é com K, Celso?" "Não, é com C mesmo." "E esse bordado na camisa?" "Ah, isto aqui... É Calvin Klein, seu José..." Pouco habituado às novidades da moda, o velhinho sai pensativo: "Será que ele pegou a roupa de alguém emprestada?"

Seu José é do tempo dos hábeis artesãos, que com agulha, linha e talento moldavam ternos de acabamento impecável no corpo do cliente, criando beleza e elegância à sua maneira. Os mais finos tinham sempre cortes de tropical inglês exclusivos, o que tornava cada peça única. Em tempo algum, jamais, ouviu-se dizer que um alfaiate de respeito tivesse proporcionado a dois clientes o vexame de comparecerem a uma festa como um autêntico "par de vasos". O estilo, a personalidade e a condição financeira de cada um eram integralmente respeitados.

Infelizmente, nos dias de hoje, já não se pode dizer o mesmo. A ordem é produção em massa. Entocados em buracos escuros e insalubres, que vão de pulgueiros indevidamente chamados de oficinas a porões de navios, centenas de costureiros asiáticos produzem milhares de peças ao mês por um salário de fome, num trabalho quase escravo. Coisa vagabunda, que às vezes mal resiste à primeira lavada; afinal, num ritmo insano, como exigir qualidade? Irresistíveis são os preços, num mercado competitivo que requer custos cada vez mais baixos para sobreviver, mesmo desrespeitando as condições básicas de vida do ser humano.

Em tempos de globalização, já não existe o charme de comprar um vestido "exclusivo" em Nova York e desfilar vaidosa pelas ruas de São Paulo; você pode encontrar o modelito em questão na sofisticada rua Haddock Lobo, vitrine elegante no bairro dos Jardins ou em qualquer capital da moda – Paris, Milão, Londres, Tóquio. E também reproduções nas populares ruas Maria Marcolina e José Paulino, no centro velho, onde fervilham pessoas de médio e baixo poder aquisitivo. Quem sabe, um tantinho diferente neste ou naquele detalhe, mas existe a história do "bem parecido"... E aí é bom falarmos sobre essa coisa feia, que remonta da Idade Média, chamada pirataria, pilhagem ou o que quer que seja. Ninguém mais se preocupa em inventar, elaborar, pois é mais fácil e econômico "pegar" o que já existe. No que diz respeito à propriedade intelectual, então, é um verdadeiro assombro.

Já dizia Chacrinha, não sei se parafraseando alguém, "nada se cria, tudo se copia". Deixamos de lado o saudável e proveitoso ofício de pensar e criar para repetir padrões sem um mínimo de inventividade. Até mesmo os "inventores de moda", no sentido amplo da expressão, são enfadonhos e repetitivos. Em se tratando de pensamentos, muitas vezes os copiadores são ignorantes ou, pior, irresponsáveis, fragmentando e distorcendo informações na tentativa de "criar" algo "próprio". E passam adiante as mensagens sem qualquer cuidado.

Meu marido entra eufórico em casa, dizendo ter visto a camisa "oficial" da Copa da França numa loja "oficial" do shopping. O olhar perde o entusiasmo quando revela o preço: R$ 90,00!! A fim de consolá-lo, balbucio algo como "Deixe estar, em breve você vai ver a tal camisa na banca de um camelô por menos de R$ 20,00". Bingo!! Uma semana depois, ele diz ter visto numa calçada a "camisa bem parecida" por cerca de R$18,00... E assim caminha a humanidade, entre imitações quase perfeitas e outras medíocres; entre valores duvidosos dos que preferem usar as fórmulas já consagradas e o desleixo dos que se deixam levar pelo lugar-comum da maioria, evitando qualquer vestígio do livre pensar.

Durante a Copa de 98, sem dúvida, vestimos o uniforme da seleção brasileira de futebol, numa causa mais do que justa, se é que podemos ver justiça no fanatismo esportivo que impera em nossos corações auriverdes nesses momentos. Mas, e quanto ao dia-a-dia? Será necessário vivermos uniformizados em nossos jeans, ternos, *tailleurs* e vestidos de grife? Sem qualquer toque de personalidade, estamos nos banalizando, servindo de outdoors ambulantes aos imperialistas da moda, vestindo a primeira roupa que nos apareça pela frente.

Sei perfeitamente o quanto é penoso ser original; um bom tecido e uma boa modista, nos dias de hoje, custam os olhos da cara. Para quem, como eu, não leva jeito para decifrar os enigmas dos moldes e enfrentar a máquina de costura, a solução é submeter-se aos fabricantes que não estão minimamente preocupados com você ou comigo, apenas querem faturar.

Em geral, procuro sair do padrão, evitando ao máximo emprestar minha imagem a qualquer etiqueta, por mais badalada que seja. Sim, pois quanto mais famosa a marca, mais consumida, uniformizando todo mundo. Decidida a parecer cada vez mais comigo mesma, sou a rainha da tesourinha: saio descosturando aqui e ali, evitando dividir o espaço sagrado do meu corpo com mensagens subliminares que nada acrescentam ao mundo, senão alguns trocados a mais para os fabricantes de roupas.

Talvez eu seja tachada de brega por minha "originalidade", mas duvido que alguém possa me apontar na rua como uma pessoa deselegante. Escolho cada peça, perco tempo nessa divertida brincadeira que é vestir-se, seleciono padrões, experimento dez ou mais trajes para me decidir por um único. Ponho energia e atenção nessa tarefa e considero isso um ato de capricho, um divertido exercício de auto-embelezamento. Produzir-se, tendo como único aliado o espelho, é um ato de ousadia em tempos de massificação. Cuido pessoalmente de minhas roupas – lavar, passar, guardar, reformar – talvez numa tentativa de resgatar o elo perdido com as gerações passadas, para quem o capricho e originalidade eram motivos de orgulho e notoriedade.

Tenho saudades dos tempos vividos por minha mãe, que representavam meu ideal de feminilidade: a meia de nylon impecável, com a costura atrás da perna absolutamente reta; sapatos, cinto e bolsa combinando; a maquiagem perfeita que exigia, no mínimo, base, pó, *rouge* e batom. Não usufruí dessa época dourada de sonhos e agora, quando tento segui-la à risca, fico um tanto demodê. Mas, guardo comigo doces lembranças dos momentos de intimidade saboreados ao lado daquela doce criatura, ela jovem e linda, após o banho, sentada num gracioso pufe, diante de um toucador com espelho imenso.

Com o auxílio de um creme de limpeza que sobreviveu aos modismos dos tempos – ainda hoje encontra-se disponível em qualquer farmácia ou perfumaria –, ela removia cuidadosamente os vestígios de maquiagem com um pequeno lenço branco. Depois se maquilava novamente, se perfumava, escolhia uma roupa bonita e ficava à espera de meu pai.

Com um olhar misto de curiosidade e admiração, eu ficava sentada no tapete, penteando minhas bonecas. Nada entendia do estranho ritual, que naqueles tempos considerava absolutamente inútil. "Como pode alguém se enfeitar e perfumar para, minutos depois, se enfiar numa cozinha fritando bifes e lavando os pratos do jantar?", pensava. Hoje percebo tratar-se de uma preciosa lição de auto-estima. Também no trato da casa, no cuidado com os objetos e trastes domésticos, em tudo havia capricho. Na sua feminilidade, nos bifes temperados com sabor e carinho, cobertos por um pano impecavelmente branco, na mesa bem disposta, na louça lavada, enxugada e guardada, na pia sempre limpa e cheirosa.

Hoje, em nossa dupla jornada de trabalho, nós mulheres desculpamo-nos por, muitas vezes, sequer retirar o prato da mesa. Alegamos falta de tempo, tudo tem de ser decidido num minuto, sem muita reflexão, com o mínimo desperdício de energia. E é justamente na dispersão, na desatenção e falta de cuidado nas coisas prosaicas do cotidiano que perdemos mais tempo e energia.

Quantos minutos preciosos procurando a chave do carro que não lembramos – ou não percebemos – onde foi deixada... Que cansativo ter de juntar a bagunça acumulada por dias – meias, toalhas, papéis, lixo espalhado pelos quatro cantos da casa! Falta capricho, arrumação física e mental, para fazer bem feito apenas uma coisa de cada vez, e de uma vez por todas.

Numa viagem aos Estados Unidos fiquei surpresa com a habilidade de uma amiga ao lidar com as tarefas domésticas. Moça fina, de grau universitário e família de posses, não se apertava ante atividades braçais como lavar, passar, cozinhar, evitando os altos custos dos serviços dessa natureza nas terras de Tio Sam. Sem constrangimento, usava os eletrodomésticos com maestria, abusava de toalhas descartáveis de papel, quer para tirar o pó da mesa ou secar o fogão. Cuidava com primor das camisas e ternos do marido, na época percorrendo infindáveis entrevistas em busca de um cargo de alto executivo. Tudo aquilo eram gestos caprichosos de amor, que refletiram mais tarde numa carreira coroada de êxito e na consolidação de uma família feliz. Não fosse seu empenho pessoal e capricho, seu interesse e valorização de detalhes mínimos, talvez ambos não tivessem conseguido o tão almejado sucesso.

Há também o exemplo do engenheiro virginiano que apostou com a amada ser capaz de esculpir rostos em caroços de azeitonas, munido apenas de um canivete comum. Com seu talento caprichoso, ganhou um jantar e, mais tarde, o coração da musa querida. História verídica, senhores, eu vi!

E existe a amiga que chega sempre quando precisamos de um afago com um embrulho nas mãos, os tais pastéis de queijo que derretem na boca, com um cheiro que denuncia sua presença no corredor, bem antes de chegar à porta. E o filho que escreveu com letra caprichada no coração de papel camurça a inesquecível mensagem para a mãe querida, em comemoração ao seu dia. E o marido, que ao perceber o cansaço da esposa, prepara aquela macarronada, enriquecendo o molho industrializado com azeitonas, uma pitada de carinho e o seu calor para agradar a companheira. E ainda muitos outros casos em que pequenas atenções e aptidões fazem a diferença, os tais "detalhes tão pequenos de nós dois", como suspirava o rei Roberto Carlos.

Pouco tempo atrás, ainda se ensinava capricho nas escolas. A caligrafia era cultivada, os cadernos examinados e avaliados por sua ordem e limpeza. O ensino era personalizado; havia mestres, aprendizes e práticos, todos empenhando o melhor de si na realização de suas tarefas, buscando, com orgulho, distinção através de seus feitos. Hoje nos ensinam a apertar botões, a imitar trejeitos, repetir movimentos, seguir o caminho mais curto nesta urgência de viver. Cada vez mais somos boiada, sem direito a ouvir a voz de nosso coração e de nossa intuição. Clonamos almas, deixamos de lado o caminho da individualização e lançamos os seres, indistintamente, na senda única da massificação. Somos hoje pela política do desleixo, da lei do mínimo esforço, da falta de tempo como desculpa para tudo. Damos de nós apenas o mínimo necessário, não movemos um dedo sequer em direção à realização primorosa de nossos feitos.

Perdemos a espontaneidade e ignoramos prazeres como a auto-satisfação e o auto-reconhecimento. Através de nossas atitudes, queremos ser recompensados... por outras pessoas. Muitos afirmam que seu esforço dispendido é diretamente proporcional ao salário que recebem. Querem sua parte em dinheiro e acreditam que trabalho bem feito merece recompensas extras. Quantas vezes não ouvi certas pessoas enaltecerem sua honestidade, assiduidade ou pontualidade como qualidades extraordinárias, quando, a meu ver, estão implícitas num contrato de trabalho.

A estética atual reflete a falta de capricho no mundo. Prédios retos, pedaços de vidro encaixados em vigas de concreto, pisos lisos, paredes nuas. Praticidade é a meta. Nada de rococós, acabamentos em gesso, portões de ferro suntuosos moldados a martelo, pias sagradas em mármore, verdadeiras esculturas. Nada de toalhinhas bordadas, franjas nas almofadas ou babados nas cortinas. Tudo liso, tudo reto. Roupas soltas, que dissimulam o corpo disforme pela falta de exercícios saudáveis; tênis sujos e carcomidos, onde cada mancha representa um troféu por um pequeno esforço físico. Pouca ou nenhuma maquiagem, que neste país tropical as peles deveriam ser morenas de sol; deveriam, embora a maioria permaneça desidratada e sem viço, com o pálido tom cinza-escritório. Não se trata apenas de falta de recursos, mas também de gosto. Capricho tornou-se out. E viva o esculacho!!

A todo momento nos acenam com facilidades e superficialidade. Comemos "por quilo", sequer nos damos o trabalho de escolher um cardápio que satisfaça nossos desejos e necessidades, não nossa fome; engolimos congelados, sem vitalidade nem energia. Fazemos vista grossa às rugas nos colarinhos, aos botões prestes a cair, às bainhas se desmanchando, ao mofo nas juntas do azulejo, colocando a culpa na empregada, sempre tão desmazelada. Jogamos fora as violetas que deixamos morrer por descuido e aliviamos nossas consciências dizendo: "Não faz mal, custaram tão pouco mesmo..."

É certo que todo excesso causa desequilíbrio e assim também acontece com capricho exagerado. Vira obsessão, perfeccionismo irrealizável, crítica aos que não são do time dos supercaprichosos, frustração. Mas, na medida certa, aparando bem de leve a pontinha quase imperceptível de um galho... Assim, bom!!

A vida pode estar mais prática, mas, sem dúvida, perdeu muito do seu encanto. Desperdiçamos tempo com coisas tolas e deixamos de contribuir com a beleza e a energia vital do mundo quando não entregamos o melhor de nós mesmos na execução de cada tarefa, de cada pequeno gesto. A oportunidade nos é dada de deixar no Universo nossa marca pessoal, nosso amor e nossa alegria; muitas vezes nos perdemos no imediatismo do agora e jogamos fora esta chance única. Capricho não é dom, é um aprendizado para quem se dispõe a viver profundamente a vida. Quem se exercita no sentido de tornar cada experiência maravilhosa torna-se seu verdadeiro mestre e entra em sintonia com a beleza e a harmonia cósmicas.

Pense nisto...

Para ser grande, sê inteiro: nada
Teu exagera ou exclui.
Sê todo em cada coisa. Põe quanto és
No mínimo que fazes.
Assim em cada lago a lua toda
Brilha, porque alta vive.

Ricardo Reis (*) (pseudônimo de Fernando Pessoa)

Treinamento "no capricho"

• Dedique alguns minutos de seu tempo a suas plantas, seus animais de estimação, seus velhos ou suas crianças. Ouça o que eles têm a lhe dizer e depois siga as instruções de seu coração para aproveitar intensamente aquele momento único, dando a eles o melhor de si.

• Faça alguma atividade manual com muito capricho (Lembra do velho hábito de polir panelas de alumínio com a esponjinha de aço? É por aí...)

• Capriche-se!! Adote um visual bonito, escolha suas roupas, deixe de lado aquela impressão descuidada de quem

(*) Pessoa, Fernando. *O Guardador de Rebanhos e Outros Poemas*, Cultrix/ EDUSP, 1988.

se vestiu no escuro. Saia do padrão habitual, vista a roupa "de domingo", dê um trato especial na barba ou use um pouco de maquiagem. Você e o Universo merecem essa consideração!!

• Observe a Natureza, suas formas e arranjos caprichosos.

• Execute algum trabalho artesanal e desperte o artista que existe em você... Contribua para tornar o mundo mais harmonioso e mais bonito.

Abaixo a Desordem

Um pequeno movimento descuidado e, de repente, zás, a pilha enorme de papéis caoticamente "organizados" se precipita para o chão pela terceira e última vez. Sempre que um "acidente" dessa natureza acontece, adoto uma postura aparentemente calma e equilibrada; deixo tudo cair sem blasfemar nem xingar; dependendo do meu estado de humor, até dou uma mãozinha, lançando fora o pouco que restou sobre o entulhado escaninho de entradas e saídas. Como dizia minha mãe nos idos tempos da minha infância, "do chão não passa..."

Só depois, pacientemente, recolho os papéis e perco algum tempo tentando pôr "ordem" novamente àquele arquivo maluco; começo então, a contragosto, a árdua tarefa de separar os documentos por assunto, distribuindo-os em seguida pelas pastas espremidas nas gavetas do desengonçado arquivo de aço, perfurando e ordenando, num trabalho que, por mais que eu considere imprescindível, é sempre encarado como uma chateação e total perda de tempo... Afinal, eu poderia estar fazendo dezenas de coisas mais úteis... Úteis para quem? me pergunto, num lapso de lucidez.

Respirar é absolutamente útil para a minha vida. Quase imperceptível, é um movimento a que se dá pouca atenção, embora fundamental para que eu siga realizando minhas tarefas com vigor. No entanto, dedica-se a esse ato vital pouca ou nenhuma notoriedade. Você mesmo, leitor, já se preocupou alguma vez com o fato de eu ter de respirar enquanto martelo rapidamente este teclado para levar até você temas variados, num convite à reflexão? Pouco provável... No entanto, temos de admitir que respirar é uma ação utilíssima, básica. Sem dúvida, tudo tem sua utilidade e há de haver também alguma para essa tarefa tola de selecionar e colecionar papéis...

Deixando os suspiros de lado, meu olhar se fixa novamente na pilha de trastes caídos e me vem à lembrança um amigo, virginiano como eu, com mania de ordem, limpeza e arrumação, que certa vez criticou com firmeza toda aquela bagunça, dizendo não ser possível trabalhar em meio à tanta desordem. Com ele aprendi que é preferível estruturar uma única pilha de documentos, pois isso torna a busca mais fácil num momento de urgente necessidade; ideal mesmo é ter tudo isso bem guardado e classificado, com a mesa de trabalho absolutamente limpa.

Em tempos de computador, nada de papeizinhos espalhados com anotações miúdas, apenas uma agenda, uma caneta, uma lapiseira e, no máximo, alguns objetos obsoletos como o caderninho de telefones e a jurássica calculadora. Para meu amigo, Ph.D. em administração por uma das melhores escolas americanas, minha organização rudimentar era um insulto à sua – e, para ser sincera, também à minha – inteligência e à capacidade de gerenciar o meu próprio negócio com o mínimo de eficiência.

É claro que sempre tento justificar a desordem dizendo que não tenho tempo e padeço daquele terrível mal que assola essa espécie cada vez mais comum no cenário urbano de São Paulo, que é o dia de apenas 24 horas, agravado por um certo vício estressante de dedicar-me além do aceitável às atividades profissionais. Felizmente, vai longe o tempo em que eu ficava sem almoço e fazia serões intermináveis até as tantas da madrugada; o equilíbrio corpo/mente/espírito impõe novos e saudáveis hábitos que nos impedem de vagar feito almas penadas noite adentro, visando o estrito cumprimento do dever.

Vamos aprendendo a lidar melhor com nosso corpo e ele sabiamente nos corrige, nos domina e impõe seus limites. Por exemplo, esta gripe lascada que me faz padecer de uma indisposição surpreendente e desanimadora me obriga a parar e refletir, por mais que eu insista em seguir adiante fazendo de conta que estou muito bem, obrigada, tentando cumprir uma rotina absolutamente normal.

Gripe reflete estado de confusão mental, apregoa a medicina psicossomática. A crise se instala e põe de lado nossas defesas para que sejamos tomados por um estado de torpor benevolente, indicativo da hora exata de parar e dar um tempo. Um tempo pra quê? Para realinhar tudo, rearranjar nossas coisas, nossos hábitos e nossos valores. Para fazer uma faxina nas idéias, limpar o passado, reorganizar o futuro e viver o presente como deve ser, um dia depois do outro, uma coisa de cada vez, um lugar para cada coisa e cada coisa no seu lugar. Simples assim. Pena que a gente não aprende...

Olho em volta e percebo que minha vida está desarrumada. A mesa de trabalho é só o sinal mais evidente, mas a cama por fazer e a louça sobre a pia dão mostras dessa fadiga bagunçada e deste corpo cansado que clama por socorro. As violetas reclamam atenção, ainda bem que é inverno, senão estariam todas mortas e secas. Abro a agenda ao acaso e descubro que já se passaram muitas datas importantes sem que eu desse ao menos um alô aos amigos queridos. Do fundo da consciência vem aquela voz chatinha, "Regina, você não é mais a mesma..." Pelo menos contra a culpa eu estou vacinada, então respondo com um certo deboche infantil "Você não me pega..."

Sigo em frente, acumulando responsabilidades e papeizinhos espalhados por toda parte. Ocupo considerável espaço da memória com esses fantasmas que me perseguem: "Você esqueceu do aniversário do Luis... o batizado do Murilo é daqui a uma semana e você nem providenciou um presentinho... a Lívia chega no próximo domingo e você nem programou uma visita..." Acordo do transe culpado e repito com energia: "Você não me pega!!!"

Refletindo sobre o minimodelo caótico instalado no escritório e, por extensão, no apartamento todo, admito uma dose de rebeldia voltada contra os padrões disciplinares de asseio e ordem que me foram impostos durante a infância. Lembro da hora de dormir, a colcha cuidadosamente enrolada aos pés da cama, a roupa dobrada e apoiada sobre uma cadeira, que no dia seguinte tomava seu destino, fosse para a lavanderia ou de volta ao armário, disposta em cabides ou dobrada nas gavetas.

Os brinquedos eram limpos e bem cuidados, enfiados numa caixa grande de papelão colocada ao lado da cama; saquinhos plásticos conservavam todas as peças dos quebra-cabeças – alguns com mais de 1.000 pedacinhos! As bonecas mais bonitas eram guardadas nas caixas originais e eu só tinha acesso a elas no fim da tarde, depois do banho tomado e das tarefas escolares cumpridas. Demorei alguns anos para me libertar dessas embalagens e acho que o fiz de maneira um tanto agressiva.

Já adulta, ao optar por morar sozinha, decretei minha independência com palavras de (des)ordem rebeldes, delimitando meu território sem impor a mim mesma normas de educação e convivência razoáveis a uma mocinha bem-educada, até porque eu iria conviver apenas comigo mesma... Como se *eu* não tivesse a mínima importância!! O excesso de liberdade resultou nessa bagunça que às vezes me domina e desespera. Rebelde sem causa, hoje volto um olhar melancólico à organização perfeita que me era imposta nos tempos de criança. "Eu era feliz e não sabia..."

A desordem, muitas vezes, tem início no apego, conforme já tratamos em outro de nossos artigos. A mania de colecionar coisas que dão forma às lembranças, torna difícil organizá-las. Espaço, hoje em dia, é raro e caro. Viver num "apertamento" de pouco mais de 50 metros quadrados restringe nossos movimentos, nossas posses e até mesmo nossas idéias. Por mais que os japoneses tenham conseguido, através de sua tecnologia, miniaturizar os objetos para nosso conforto, consumimos um número cada vez maior de coisas e temos que administrá-las para mantê-las em pleno funcionamento.

O que simplifica às vezes também complica: sou mestre em me perder nos pequenos detalhes, dou dez telefonemas para tentar consertar a lâmpada do micro-ondas que repentinamente não acende mais, embora o aparelho funcione perfeitamente. A variedade de opções, em vez de facilitar, restringe minha ação, fico imobilizada, incapaz de decidir se troco eu mesma o pequeno acessório ou se desço com o trambolho nos braços, fio pendurado, até a assistência técnica que cobra muito mais e diz garantir o serviço.

Como bem apregoa a sabedoria popular, "o diabo mora nos detalhes..." Assim, sigo dispersa e desorientada, alimentando mais confusão e desordem; em vez de resolver um problema, crio outros.

Paciência tem sido coisa rara; a vida palpita em ritmo de imediatismo alucinante, daí advém a cobrança. Temos de ser rápidos – e preferencialmente organizados. Tudo é para ontem, qualquer posto executivo exige decisões instantâneas, sem tempo para muita reflexão. Sorte de quem tem a intuição afiada, pois quem não tem pode pôr tudo a perder num segundo...

Na maioria das vezes, decidimos pela amostragem do que julgamos ter chances de dar certo; fazemos mil coisas ao mesmo tempo, falamos ao telefone enquanto assinamos papéis e despachamos com a secretária, apta para entender a moderna linguagem de sinais feitos com as sobrancelhas. Nossas atitudes camuflam a dispersão através da postura "eficiente". Será que aprendemos alguma coisa em meio a tantas informações e atitudes desencontradas ou apenas nos adaptamos para integrar o caos criado por nós mesmos?

Ficar no vazio, aprender a sentir o nada é busca constante dos ensinamentos filosóficos orientais. No Ocidente, temos pressa de viver intensamente cada minuto, privilegiando a quantidade dos momentos vividos em função da qualidade. Não sabemos aquietar nosso corpo, muito menos nosso espírito. Um minuto de silêncio parece uma eternidade; quando nos encontramos frente a frente com nossos egos, levamos um susto, ficamos pouco à vontade, como que diante de um estranho. Não queremos solidão nem privacidade, precisamos estar rodeados de gente, fazendo parte da (des)organização. Somos seres em franca ebulição e nos orgulhamos disso! Qualquer momento de quietude e reflexão tende a ser confundido com tédio. Mas é de introspecção que necessitamos quando nos dispomos a colocar ordem na bagunça que nos envolve interna e externamente.

Para pôr fim à desordem, depois de muito bem instalada, é preciso vontade firme e muita determinação. Você tem de decidir quando começa a mudança (e estar preparado para ela, pois como seres cômodos, não gostamos muito de novidades...) e por onde começar. Um mínimo de programação mental e muita ação – trabalhar no plano físico é fundamental para que o "milagre" da organização ocorra.

Minar as forças do inimigo, a bagunça a ser vencida, é uma boa estratégia. Dividir aquele "problemão" em "coisinhas sem importância" torna mais fácil e estimulante encará-lo. Concentrar-se em cada etapa da arrumação é fundamental, tomando sempre o cuidado de aprender algo com a situação, de maneira a se convencer de que não se trata de tempo perdido, mas de um bom investimento, além de uma excelente oportunidade de exercitar a auto-estima, já que funciona como um teste para a sua capacidade de seguir adiante, deixando de andar em círculos. Sem dúvida, você é capaz...

O lama tibetano Tarthang Tulku compara a capacidade plena de concentração a um diamante, que irradia nossas potencialidades em nuances diversas através de qualquer atividade que realizemos. Quando nos mantemos dispersos, a falta de concentração se reflete na falta de qualidade dos resultados obtidos; "quanto menos concentrados estivermos, mais cometeremos erros e demoraremos para terminar nossas tarefas"[3], afirma Tulku. "Com o tempo, ficamos frustrados com nossa falta de realização, e esta frustração passa a ser mais uma distração. Torna-se difícil sustentar nossa motivação, e podemos desistir de nos esforçar muito antes de havermos concluído nossas metas. À medida que o tempo passa e nossas tarefas permanecem inacabadas, nós nos surpreendemos perguntando por que os nossos esforços rendem tão pouco"[4].

Todo cuidado é pouco ao optar pela concentração, pois corremos o risco de torná-la obsessiva. Lidar com pessoas dispersivas é tão ruim como interagir com aquelas que seguem indiferentes aos solavancos do andar da carruagem, achando que não podem interromper uma tarefa para cuidar de um outro assunto, por mais urgente ou exasperante que este possa parecer. Nem dispersivo nem obcecado: flexibilidade é o atalho que nos conduz à perfeição ordenada.

Uma vez ouvi de um mestre indiano que toda tarefa mental ou física é executada de maneira mais eficaz quando mantemos a mente relaxada em vez de concentrada. Por isso, o relaxamento através da meditação é também de vital importância no processo da organização, pois através dele podemos planejar nossas tarefas de modo eficiente. O relaxamento nos permite também mergulhar fundo no caos, fazer parte dele para, somente então, começar a pôr ordem nas coisas.

Dar-se um tempo para começar a arrumação mentalmente, de dentro para fora, é também uma boa estratégia. Alguns minutos de meditação acerca da desordem reinante podem poupar muito tempo e experiências desgastantes.

Em meio à confusão, é sempre útil manter a clareza de idéias. Quanto a isso, o dalai-lama Tenzin Gyatso afirma: "O que impede a clareza é a lassidão, e o que causa a lassidão é um excesso de retração e de declínio da mente. Em primeiro lugar, a mente fica negligente; isso pode conduzir à apatia, na qual perdemos o objeto de observação e nos sentimos como se tivéssemos caído na escuridão"[5]. Uma vez mergulhados na escuridão, feito cegos prosseguimos com nossos tropeços, deixando que a desordem predomine.

Em alguns casos, a desordem atual tem origem em situações do passado às quais nos apegamos, criando entraves para viver plenamente o presente e planejar nosso futuro. Observe se alguma situação/pessoa prende você ao passado, "castigando-o", impedindo-o de criar mecanismos para viver com prazer e tudo em ordem sua vida atual. Exercite sua criatividade e liberte-se!

As três etapas fundamentais da organização podem ser resumidas em *planejamento/meditação*, *concentração/ação* e *realização/apreciação* do resultado final. Mesmo que todas as suas metas não sejam atingidas de uma só vez, saiba que o pouco faz muita diferença; nem sempre é possível organizar num único dia o que se levou anos desarrumando, sejam seus papéis, sua saúde ou seus relacionamentos. Mas é preciso comemorar cada pequena vitória da ordem e da limpeza, valorizando os bons resultados em vez de olhar com pesar para o muito que ainda há por fazer. Mexa-se; e lembre-se, apoiado na sabedoria popular, que "ninguém vence a caminhada sem dar o primeiro passo". Comece já, de preferência encarando aquilo que lhe parece mais difícil. E saboreie o prazer de estabelecer a ordem ósmica ao seu redor...

Ordenando Sua Vida

• Aceite sua parcela de responsabilidade (100%) acerca de suas coisas e sua vida. Lembre-se de que ninguém fará seu trabalho por você, portanto mexa-se.

• Exercite a concentração. Quando sua mente se dispersar, "convide-a" gentilmente a voltar-se para a tarefa que está sendo realizada. Após realizar uma atividade, observe a qualidade da sua concentração aplicada àquele trabalho. Verifique se conseguiu realizar o que havia sido proposto. Anote suas conquistas e planeje uma nova etapa para realizar o que ainda ficou por fazer.

• Pergunte-se sempre, antes de começar a arrumação: "o que estou tentanto evitar com esta bagunça?" Ouça a sábia voz do seu inconsciente.

CIDADANIA

Construindo o Novo Milênio

Para Aldo e Regina,
Claudio e Rosely,
Moacyr e Marina,
Sandra, Silvia e Iracema:
Gente fina, cidadãos de primeira.

Opção pelo Bem

Acompanho os jornais e fico estarrecida. De um dia para o outro, o país parece ter enlouquecido: o filho da maior autoridade da polícia militar do estado é acusado de assalto e roubo de automóveis; ainda se comenta o envolvimento do ex-ministro dos transportes como testemunha omissa num caso de atropelamento fatal, protagonizado por seu filho, que fugiu sem prestar socorro à vítima; o julgamento do ex-presidente Collor, por suposta sonegação fiscal, foi adiado por tempo indeterminado, bem como o dos acusados pelo bárbaro crime da atriz Daniella Perez. As notícias mais parecem um trailer de filme de terror, uma sessão trash, bem ao gosto americano.

Felizmente, a meia hora de agonia se encerra dando espaço a um dos meus programas humorísticos favoritos: o horário eleitoral gratuito. Aí sim, lembro dos seriados inocentes da minha época e até de alguns filmes japoneses mais recentes: mesmo sem as máscaras e malhas ridiculamente coloridas e justas, nossos candidatos a prefeito assemelham-se aos heróis orientais, prometendo manter a lei, a ordem e o progresso a todo custo, numa verdadeira "Missão Impossível". Se não fazem malabarismos nem dão piruetas no ar como os *power rangers* ou *jaspions* da atualidade, suas manobras retóricas são tanto ou mais elaboradas e igualmente hilárias, por vezes ridículas.

Poder e disputa podem formar um binômio aceitável, até certo ponto; vaidade e desonestidade não combinam nada com a primeira proposição; impunidade e lei de Gérson (a que apregoa que se deve "levar vantagem em tudo, certo?") são absolutamente inadmissíveis. Parece justo que cada um arque apenas com as conseqüências de seus atos. Mas, assim como os pais têm sua parcela de responsabilidade pela má educação de seus filhos delinqüentes, assim também os maus políticos devem assumir solidariamente a parte que lhes cabe dos atos arbitrários e/ou desonestos desfechados por membros de sua equipe ou pessoas por eles designadas para funções-chave. Falta informação, boa vontade, mas, acima de tudo, falta vergonha nos bastidores do poder da nação brasileira.

As falcatruas são cada vez mais elaboradas; os bandidos são mais inteligentes que os mocinhos, o que lhes garante a impunidade. A manutenção do status quo parece uma maldição da qual não conseguimos nos livrar – "eles", os políticos, são sempre os mesmos! Tentamos nos eximir de nossa parcela de responsabilidade, já que o poder lhes foi outorgado por nós. Que tal nos colocarmos de maneira assumida e lúcida para uma análise racional dos fatos, deixando de lado todo o apelo emocional que nos é impingido pela propaganda e pelo discurso cuidadosamente estudado desses homens do poder?

A política parece despertar o lado mesquinho do ser humano, não apenas no chamado terceiro mundo, mas igualmente em países desenvolvidos. Casos de corrupção no Japão, Estados Unidos e Europa são largamente divulgados, com a diferença significativa de que ali se fazem valer severas punições. Mas não é a instituição em si que carrega o germe da desonestidade, como bem observou o dalai-lama Tenzin Gyatso: "Algumas vezes desdenhamos a política, criticando-a como sendo corrupta. Contudo, se examinarmos o assunto adequadamente, veremos que a política em si nada tem de errado. É um instrumento que serve à sociedade humana. Com uma boa motivação – sinceridade e honestidade – a política torna-se um instrumento a serviço da sociedade. Porém, quando motivada pelo egoísmo unido ao ódio, à raiva ou ao ciúme, torna-se desprezível"[6].

Desprezível parece um adjetivo bastante adequado à pantomima que assistimos em tempos pré-eleitoreiros. Os candidatos a prefeito de São Paulo nos enchem os olhos com projetos economicamente inviáveis, enganando o povo. Este, cego pelas hábeis imagens criadas através de recursos de computação eletrônica e forte apelo emocional, passa a acreditar que obras como o prometido trem "fura-fila", alardeado pelo candidato da situação, já estão em andamento. Essas ilusões de ótica (ou idióticas?) acabam se convertendo em voto. Números e estatísticas de efeito também impressionam; as pesquisas confundem o eleitor, que acaba votando no candidato "provavelmente" eleito. Como num rebanho, seguem a vaca-madrinha para onde a boiada levar...

Quando um recurso funciona, é amplamente copiado pelos adversários; um outro candidato de que, tenho certeza, poucos lembram o nome, acena com o projeto de um tal "aerotrem", muito provavelmente fruto da sua pouco criativa imaginação. E até mesmo um terceiro, sério e de resultados, "atropela" vendendo a idéia aparentemente sensata de ampliar as linhas do metrô, inexeqüível por ser esse meio de transporte da competência do governo estadual e não do município.

Quando as promessas de campanha se nivelam – todos são uns anjinhos que juram acabar com os problemas da cidade – não resta outra coisa senão o ataque pessoal aos adversários; e aí a baixaria come solta, deixando vir à tona a podridão. Começam elegantemente, como homens de bem e, de repente, já estão às voltas com temas que vão de enriquecimento ilícito a filhos bastardos. Isso sem contar a candidata que berra seu nome a plenos pulmões, com os olhos esbugalhados, querendo nos despejar goela abaixo uma estranha cartilha a fim de nos convencer que "eles" (os comunistas? os fascistas? os extra-terrestres?) querem acabar com o país... À luz do bom senso essa hipótese de extermínio parece pouco provável, já que a drástica atitude, para um esquema político habituado a "mamar", representaria acabar de vez com a galinha dos ovos de ouro.

Parafraseando o compositor Cazuza, no que se refere aos políticos, em geral, "suas idéias não correspondem aos fatos". Basta abaixar o volume da TV e observar a linguagem não-verbal empregada: eles falam de bondade, mas seus olhos deixam transparecer malícia; o discurso pode até ser macio, mas os gestos são rudes, inflamados; a postura costuma ser elegante, mas nos dão a incômoda impressão de que, ao virar as costas, vão se pôr a arrotar e escarrar, com nojo do povo.

Neles não há o requinte natural e verdadeiro do equilíbrio, da serenidade, da lucidez imprescindíveis a um bom governante. Alguns se apresentam de maneira tão apática, o olhar perdido como quem recita a tabuada. Outros nem ousam abrir a boca, aparecem de relance numa foto sorridente, enquanto a voz impostada do locutor nos oferece, como referências para a decisão do voto, apenas o nome e o número do candidato, embalados pelo jingle do partido a massacrar nossa mente, numa estratégia subliminar. Diante de tais referências, resta-nos apenas a decisão de escolher o menos ruim e cobrar dele, no futuro, a realização das promessas, num exercício responsável e sadio da nossa aviltada cidadania.

Há algum tempo, numa de suas palestras, Luiz Gasparetto ressaltou que deveríamos ser cuidadosos com as críticas aos governantes e aos poderosos porque, se estivéssemos em seus lugares, muito provavelmente faríamos pior que eles... Pequenos delitos como embolsar o troco a mais, sair do restaurante cheio sem pagar a conta ou furar fila, com a maior cara de pau, são indícios da nossa índole "esperta". Como bem diz meu pai, pena que não usemos toda essa esperteza de maneira criativa e construtiva, porque seríamos então uma grande e próspera nação. Mas o mundo é dos espertos e se você não furar a fila (seja a do cinema ou a dos processos que aguardam julgamento, esta última manipulada à custa de polpuda "caixinha" ou da famosa e infalível influência do Q.I. – quem indicou), acaba passando por otário, porque alguém, lá atrás, está cobiçando o seu lugar e não terá o mínimo pudor em fazê-lo. E assim o ciclo se perpetua.

É nas pequenas infrações que surge o desrespeito – não só pelo outro, mas por nós mesmos. Quando viajamos ao exterior, queremos parecer cidadãos bem educados, de primeiro mundo; cumprimos regras não apenas pelo temor à lei, que lá fora se faz cumprir, mas porque "não fica bem", em terras estrangeiras, nos comportarmos como "selvagens", criaturas de segunda linha, sob pena de sermos discriminados e obrigados a engolir a pecha de "chicanos", acompanhada de um sorrisinho superior e uma olhadela de desprezo. Mas aqui estamos em casa e à vontade para sermos "nós mesmos", então por que não rodar a baiana, armar o barraco, virar a mesa? A hipocrisia e o desrespeito são marcas registradas de quem não consegue sequer ser honesto consigo mesmo.

É incrível o que um cidadão é capaz de fazer para sustentar sua auto-imagem. Tomando ainda a política como exemplo, vemos que ele é capaz de se "adaptar" aos mais torpes esquemas, "moldar" sua personalidade, aclamar o "jeitinho brasileiro", roubar, cometer injustiças e – por que não? – até matar. Tudo isso para continuar sendo o que nunca foi, perseguindo eternamente um modelo criado por um partido, uma agência de propaganda ou a mente imbecil de algum puxa-saco que, num ataque extremo de bobeira, declarou "você tem jeito pra coisa". Aí, basta experimentar o poder uma vez e, num passe de mágica, acreditar que você é mesmo aquele boneco de ventríloquo recitando seu número, a legenda do partido e suas preocupações quanto a habitação, saúde, segurança, transporte e desemprego, prometendo soluções milagrosas, sem, contudo, mencionar o santo...

A desonestidade começa no ato corriqueiro de mentir para si mesmo. Aprendemos a dissimular desde a mais tenra infância; começamos com mentiras inocentes para que possamos parecer "bem-educados" e somos incentivados por nossos pais e educadores. Suprimimos nossos sentimentos e, aos poucos, vamos nos automatizando, tendo sempre uma palavra-chave na ponta da língua que possa satisfazer nosso interlocutor ou a nós mesmos diante de uma situação de conflito. Não queremos aprender nem crescer com nossos conflitos, é mais fácil e menos doloroso ignorá-los. A honestidade é fruto da reflexão e já não temos tempo para pensar, só mesmo para agir, ainda que mal e porcamente.

A necessidade de ser aceito é outro caminho que vai dar na dissimulação. Você é programado para agir, falar e até pensar de modo a obter a aprovação da sociedade; faz então o que é esperado que se faça, independentemente do que essa ação possa significar para você como indivíduo. Me vem à lembrança uma passagem do filme *A Guerra dos Roses* em que o Sr. Rose, um brilhante e promissor advogado, é criticado por sua esposa, por não conseguir enxergar um palmo além da sua auto-imagem criada de profissional bem-sucedido, cujo principal objetivo é tornar-se sócio do escritório em que trabalhava. Como homem das leis ele era, sem dúvida, um cidadão honesto e eficiente; mas, como marido – e principalmente como indivíduo – era apenas uma criatura dissimulada, capaz de rir do que não tinha graça para agradar o chefe. Ao criticar seu comportamento falso e artificial, a Sra. Rose coloca-o em xeque, na esperança de que seja capaz de se olhar nos olhos e perceber, a tempo, que a figura que ele encara diariamente do outro lado do espelho é alguém absolutamente desconhecido. Mas o Sr. Rose prefere manter a farsa, envolvido por outros valores materiais, provocando uma grotesca situação de divórcio.

Diz-se, com um certo tom anedótico, que uma pessoa bem-educada deve evitar discutir política, religião e futebol em reuniões sociais. Em resumo, a palavra que sintetiza tudo o que não deve ser discutido é *valores*.

Observando com atenção, é possível perceber que todos os seres humanos possuem, em si, os mesmos valores. O que nos faz diferentes, é a maneira como damos prioridade a um aspecto em relação a outro. Todos temos as mesmas necessidades, e para satisfazê-las, vamos criando uma escala, relacionando aquilo que é mais ou menos importante em nossas vidas. Todos temos boas e más qualidades e o que nos torna anjos ou demônios no que se refere à maneira como as escalonamos: bondade, medo, altruísmo, inveja, compreensão, raiva. Todos trazemos no íntimo o embrião da honestidade – até mesmo aqueles que escolhem ser desonestos a maior parte do tempo.

Na defesa dos "princípios", éticos ou não, que representam a sua felicidade – ser feliz é suprir ou superar suas necessidades –, tornam-nos mestres na hábil arte da manipulação. E aí, quem pode mais chora menos, ou seja, quem tem mais recursos e informações é capaz de "criar fantasias" mais convincentes, colocando o outro à disposição de suas realizações. O melhor mentiroso é capaz, segundo a própria vontade, de convencê-lo de que pau é pedra, a tal ponto de perder totalmente a noção da realidade, tornando-se vítima da imagem enganadora por ele criada.

O lama tibetano Tathang Tulku observa que "a manipulação é uma faca de dois gumes, pois não podemos manipular os outros sem comprometer nossas próprias convicções e sentimentos. Expostos à própria desonestidade, bem como à alheia, deixamos nossa natureza gradualmente ir-se recobrindo com camadas de dissimulação. Nossa energia fica impedida de fluir livremente e nossas percepções permanecem restritas e estreitas. (...) Achamos que devemos nos resguardar da honestidade, pois revelar os nossos sentimentos mais profundos deixaria exposta a nossa motivação autocentrada. Calculamos nossas interações com os outros, mantendo relacionamentos artificiais, destinados a proteger a nossa autoimagem."[8]

Diante de tanta podridão, às vezes temos receio ou vergonha de optar pela honestidade. As pessoas corretas são chamadas jocosamente de "certinhas", não raro ridicularizadas a ponto de se sentirem umas perfeitas idiotas. Mas, como qualquer qualidade positiva e luminosa, também a honestidade tem o dom de se propagar. "Ao assumir responsabilidade por nossa honestidade, criamos espaço e oportunidade para que os outros também sejam honestos, e essa atitude saudável começa a se espalhar, da mesma maneira que se difundiram os padrões da manipulação", arremata Tulku. Visto sob esse prisma, concluímos que, apesar dos pesares, há esperança.

Com toda franqueza, o exercício da honestidade é árduo e requer disciplina, coragem e persistência. Remar contra a maré pode parecer tarefa inútil, até vencermos a primeira corredeira. Findo o esforço, além dos músculos fortalecidos e do indescritível sabor da vitória, resta-nos o prazer de encontrar, do outro lado do rio, um significado verdadeiro para nossa existência.

Contribuição aos Políticos

• Para sua honesta reflexão, para orientar suas escolhas, principalmente no que se refere à eleição de nossos governantes, considere as sábias palavras de Lao-tzu[(*)]:

Quando o governante é tranqüilo e discreto,
o povo é leal e honesto.
Quando o governante é perspicaz e rude,
o povo é desleal e não confiável.
É sobre a infelicidade que repousa a felicidade;
a infeliciade espreita a felicidade.
Quem, no entanto, reconhece que o bem supremo
consiste na inexistência de ordens?
A ordem transforma-se em caprichos
e o bem se converte em supserstição
e os dias de cegueira do povo
duram realmente muito tempo.
Assim também o Sábio:
serve de modelo sem castrar os outros,
é escrupuloso sem ferir,
é natural sem ser arbitrário
e brilha sem ofuscar.

(*) Lao-Tzu. *Tao-te King*, Pensamento.

ECOLOGIA

O Lixo Nosso de Cada Dia

Sexta-feira de sol, onze da manhã. O colorido do dia acena com esperanças de um final de semana radiante. Naquele bairro simples do subúrbio paulistano, a moda em tons cítricos ganha mais luminosidade e alegra as ruas. Estaciono o carro próximo a um terreno baldio e me dirijo ao caixa eletrônico para sacar uns trocados, visando o chopinho deste entardecer deslumbrante de verão.

A fila é grande e muita gente não se dá bem com a máquina insensível, cheia de comandos e botões. O sol causticante arde na pele. A lentidão das pessoas vai minando a paciência de quem pretendia, em poucos minutos, realizar seu intento. Começo a observar melhor a avenida larga, com uma grande ilha ao meio, que deveria ser um jardim. Tocos de cigarro, papéis de balas, chicletes, vários tipos de impressos, amassados, rasgados, anotados; latas de refrigerantes, restos de plásticos e o mato inerte tomando conta de tudo, acolhendo todo esse lixo com a ajuda do vento. O dia já não me parece tão bonito...

No farol da esquina, um batalhão de rapazes e moças assediam os motoristas paralisados pelo sinal vermelho com panfletos de toda ordem: lançamentos imobiliários, compro-vendo telefone, almoço self-service e "sou um pobre surdo-mudo, etc." A luz verde parece um código para que todas essas mensagens sejam ali abandonadas por pessoas mal-humoradas ou indiferentes, que via de regra atiram no chão os papéis sem se importar com seu fim. Impotente, a turba panfletária fica ali rodopiando, oscilando entre a calçada suja e o asfalto, tendo como destino final os bueiros causadores de enchentes ao menor sinal de chuva.

Cumprida a missão, volto ao carro escaldante e só então percebo que estacionei bem distante do meio-fio. Pudera! Um esqueleto de sofá rasgado e com as molas à mostra ocupava toda a calçada e deixava o braço gordo avançar em direção à rua. Apesar da queimada promovida por algum morador desesperado da vizinhança, o terreno sem muros ainda acumula grande quantidade de lixo, desde restos de comida a grandes peças de sucata.

Sigo adiante até ser detida pelo farol da esquina e aquela enxurrada humana, batendo no vidro para que eu recolha a batelada de papéis. Agradeço, sorrio, mas não abro. Recebo xingamentos, olhares desprezíveis ou de enfado. Subitamente, uma criança imunda aparece pedindo dinheiro, enquanto a mãe, sentada à sombra de uma árvore bafeja a fumaça do cigarro no rosto inocente de um bebê que traz no colo, com cerca de seis meses. Definitivamente, não há nada de lindo neste dia...

Calor, fumaça, lixo e farrapos de gente. Começo a pensar e me dou conta de que tudo isso está intimamente ligado. Aspectos interiores e exteriores dos detritos humanos desfilam por minha mente. De repente, sou conduzida por fatos do cotidiano que vão de encontro à minha proposta inicial de analisar o papel social do lixo. Ouço no rádio o slogan da Campanha da Fraternidade, anunciada há poucos dias pelo papa João Paulo II. Refere-se à população carcerária, sempre mostrada aos "cidadãos de bem" como lixo humano. Dirijo-me a um cliente para escolher umas fotos e dou de cara com latões coloridos espalhados pelo pátio da fábrica, para recolhimento de lixo reciclável. E, como numa missão cármica, quando me dou conta estou andando pacientemente pela direita, atrás de um caminhão de lixo, como de costume...

Outra cena curiosa surge num flashback: a primeira vez que fui ao circo. Tinha apenas cinco anos de idade, mas me lembro bem do desengonçado palhaço, que em sua performance pegava vários objetos em cena repetindo desafinado o bordão "Vai pro LIXO!!", atirando as coisas num canto do palco. Chegando em casa, passei a imitá-lo, para desespero de meus pais. Roupas, sapatos, brinquedos e utensílios domésticos tinham um fim certo: o lixo. Deve ter dado um trabalhão para minha mãe recuperar tudo aquilo, ainda mais que naquele tempo os detritos eram guardados numas latas imundas e fedorentas.

Curioso é que por volta da adolescência, recebi de meus pais o apelido de "lixeira", porque costumava juntar e guardar uma porção de coisas inúteis: bilhetinhos, caixas e papéis de presentes, roupas fora de moda. Meu guarda-roupa ia inchando, inchando, ficando cada vez menor e mais desorganizado. Às vezes a limpeza era inevitável, por ordem de minha mãe, que nesses dias de tortura não admitia contestação. Custava pouco para que a anarquia se instalasse ali novamente. Hoje, por minha própria conta e risco, às vezes também me desespero com o acúmulo de bugigangas sem utilidade. Encho-me então de coragem e começo a faxina.

A palavra lixo tem origem no latim, *lix,* que quer dizer cinza, numa referência ao borralho dos fornos, fogões e lareiras de antigamente. Atualmente é sinônimo de "tudo aquilo que se joga fora". E olhe que não é pouco: dados recentes mostram que cada cidadão paulistano produz, em média, cerca de 1,5kg de lixo por dia! Duvida? Observe quantas vezes você esvazia a lixeirinha de sua pia, o cesto de papéis do banheiro, do escritório... Percebeu? Você é um poluidor em potencial!

Torcendo e rezando para que essa sua potencialidade não seja de todo aproveitada, pergunto: o que você tem feito do seu lixo? Sei que é demais pedir o especial obséquio da tal coleta seletiva – aquela em que vidros, papéis, plásticos, metais e matérias perecíveis são acondicionados em sacos plásticos separadamente. Até porque a prefeitura não conseguiu implantar eficientemente o sistema nesta metrópole tão adiantada, de gente tão atrasada. Não conseguimos, sequer, em nossos lares, formar cidadãos decentes, que resistam à tentação de atirar das janelas de carros e apartamentos papéis de bala, cascas de banana, latas de cerveja, etc. Como exigir do serviço público uma postura civilizada que nós mesmos, pessoalmente, não adotamos?

No caminho de volta, mais farol. À minha frente uma BMW esportiva, com teto solar. Ao lado do motorista, o passageiro negocia com um vendedor ambulante de suco de laranja. Embora a aparência do garoto seja pouco higiênica, misturando o suor gelado da garrafinha ao seu próprio, o homem do carro parece não se importar.

Sinal verde e ele dá uma nota de 50 e o rapazinho começa a fazer troco, perdido entre moedas e cédulas miúdas. A galera à retaguarda buzina, oprimida pela falta de ar condicionado e suco de laranja em seus carros de modelos populares. Quando o sinal está prestes a fechar novamente, o carrão dá uma arrancada e segue. Nós ficamos.

Mal passa o cruzamento, voam pela janela o canudo e a tampinha metalizada do tal refresco. Mais adiante alcanço o todo-poderoso, pois existe no trânsito uma mágica e inexplicável relatividade... Sem surpresa, vejo que o homem, saciada a sede, atira também a garrafinha plástica pela janela.

Fico imaginando se esse mesmo cidadão não critica o serviço público quando seu carro imponente (ou seria impotente?) fica preso sobre uma calçada, impedido de seguir adiante por causa das enchentes provocadas pelo entupimento dos bueiros desta grande metrópole. E se não seria um desses caras que, entre camisas de seda e calças de linho elegantemente amassadas, discute temas ecológicos à mesa de um bar da moda, contando proezas sobre sua viagem às paradisíacas ilhas de Fernando de Noronha.

Aliás, o tal sujeito só poderia mesmo desfrutar conforto nas tais "ilhas virgens", a considerar o estado lastimável das praias do litoral paulista, poluídas por esgoto e pela ignorância do turista descuidado. Se não nos educarmos, em breve não teremos mais como nos divertir em contato com a natureza nos finais de semana. Nossos parques e praças andam sujos, depredados, à mercê de camelôs e cidadãos que não se importam com "pequenos detalhes" como higiene e conservação; é preciso que se adotem medidas urgentes.

Quase sempre falamos de ecologia como se ela fosse algo distante de nós, fora de nosso alcance e de nossa responsabilidade. Coisa para ser tratada pelas "autoridades (in)competentes" ou pelas contestadoras ONGs – Organizações Não-Governamentais. Somos pouco cuidadosos com o ambiente à nossa volta – gavetas, armários, nossa casa, ruas, estradas, praias, enfim, o planeta. Cuidamos mal de nosso ecossistema pessoal. Sim, porque a ecologia começa dentro do nosso próprio corpo.

Acumulamos em nós mesmos lixo de toda natureza. Comemos errado e em excesso. Saturamos nosso organismo com gorduras, açúcares e toxinas variadas. Para "evitar desperdício", muitas vezes empurramos goela abaixo todas as sobras, limpando travessas e pratos até o último grão. Dilatamos nossos estômagos criando necessidades até torná-los vorazes e insaciáveis. Entupimos os intestinos, poluímos nosso sangue, exaurimos rins e fígado. Quando os órgãos se esgotam de tanto reciclar substâncias, tentando eliminar o lixo acumulado dentro de nós, procuramos ajuda externa. Buscamos então um remédio que nos livre de todo mal, amém. Ou escondemos a sujeira debaixo do tapete – ou de roupas folgadas que deixem nossas sobras bem à vontade...

Grande quantidade de lixo é gerada pelo desperdício. Nos restaurantes é comum flagrar abundantes restos de comida no pratos, quer pela má-fé dos garçons, que insistem na tese das porções "individuais" ou pelos hábitos refinados dos que adoram ostentar fartura. Estes jamais carregam as sobras nas poluentes embalagens descartáveis porque consideram cafonice. Preferem destiná-las ao lixo, para que cidadãos "de segunda categoria" – um mendigo ou menino de rua – venham a se alimentar, disputando com cães e ratos as iguarias abandonadas no latão.

Há pouco tempo, por iniciativa de nutricionistas e assistentes sociais de algumas cidades brasileiras, restos de alimentos antes desperdiçados em mercados e feiras-livres passaram a ser aproveitados na merenda escolar.

Não apenas frutas, legumes e verduras "machucados", mas também certas partes antes desprezadas, como a rama da cenoura, as folhas da couve-flor ou as cascas do ovo e da banana. Além do teor nutritivo, o aproveitamento desses alimentos contribui para a diminuição da fome e do lixo, constituindo um exemplo a ser seguido também na vida doméstica.

Reciclar é palavra da moda. Conceitos, roupas, objetos, alimentos, tudo parece passível de reaproveitamento. No entanto, a reciclagem é ainda um processo raro e caro. Já experimentou comprar um bloquinho de papel reciclado? Custa pelo menos o dobro de um similar em papel de primeira qualidade. A moda tirada do lixo também tem entre seus adeptos gente extravagante e de alto poder aquisitivo. Um estilista *trash* declarou que costuma confiar pedaços de tecidos à sua cachorrinha de estimação para que ela dê o "toque final" de originalidade, roendo e esgarçando as fibras. Os modelitos confeccionados com as sobras podem custar tanto quanto um similar de alta-costura. Lixo também é luxo!

A humanidade, com razão, preocupa-se com o esgotamento dos recursos naturais. A natureza tem sua própria sabedoria e cuida de reciclar-se. As florestas se perpetuam alimentado-se do húmus produzido por suas próprias folhas processadas por organismos biodigestores, como as minhocas, que revolvem e arejam o solo ao redor das raízes, mantendo o terreno sempre úmido e fértil. Quando o ciclo é interrompido por ação do homem, muito tempo e energia são gastos com a sua recuperação.

Um exemplo disso é o empobrecimento do solo através das contínuas safras de cana-de açúcar visando a produção do álcool combustível, fonte de energia menos poluente que os derivados de petróleo. Economia por um lado, desperdício por outro. Sua posterior recuperação requer o uso de fertilizantes gerados pela indústria química, que consomem muita energia na sua fabricação. Assim como grandes são os gastos com a reciclagem do alumínio, do vidro e dos plásticos.

Para poupar esforços, as donas-de-casa adotaram, a partir da década de 60, a utilização de descartáveis, mania criada pela consumista sociedade americana. Atualmente, a maioria das embalagens trazem a referência "não-retornável" em seus rótulos. Destino? Lixo!! Em nome da modernidade já não se fazem produtos como antigamente, com o orgulho de serem "para sempre". Com custos baixíssimos pelo pagamento de salários aviltantes e utilização de matéria-prima de baixa qualidade, os "tigres asiáticos" não se contentam em substituir baterias e pilhas, oferecendo relógios e calculadoras prontos para se jogar fora após algum tempo de uso. Onde armazenaremos tanto lixo?

Contaminados pela "febre descartável", também o mundo das idéias e dos relacionamentos vêm se tornando cada vez menos duradouros. Valores como respeito, amor, amizade vão sendo sobrepujados por orgulho, dinheiro e, às vezes, pela própria urgência de sobreviver. Estamos, com isso, criando muito lixo social. Desviamos o olhar da pobreza, da doença, da ignorância, sempre que possível. Mas, o que fazer quando elas batem à sua porta ou na janela do seu carro? Como ignorar a excessiva população carcerária e suas rebeliões por todos os cantos do país, quando a violência nos ameaça em cada esquina?

Como ser feliz deparando diariamente com os sem-terra, os sem-teto e os descamisados?

Embora muitas vezes essa turba anônima represente apenas um rótulo ou massa de manobra de interesses políticos ou religiosos, sua existência não pode ser negada. Não é possível tratá-los como matéria inerte, criando para eles um "aterro carcerário", para que ali apodreçam até se desintegrarem completamente. O processo de reciclagem humana é bem mais complexo e requer uma reprogramação não apenas das vítimas, mas também dos causadores da miséria social. Você, eu e não apenas a Igreja, a Polícia, o Judiciário somos todos responsáveis pela criação e manutenção de um mundo mais limpo e não devemos nos omitir nem refrear qualquer iniciativa, por mais insignificante que ela possa parecer.

Tenho uma amiga, empresária bem-sucedida, que toda quinta-feira sai pelas ruas do seu bairro de classe média alta vestindo um par de luvas de borracha e carregando um grande saco de lixo. Munida de suas ferramentas, ela empreende sua coleta pessoal e vai conscientizando qualquer um que lhe dê atenção sobre a necessidade de higiene e limpeza do lugar onde vivemos.

Muitas pessoas das redondezas dão de ombros, afirmando que ela é doida e que isso é da competência do serviço público, já que pagamos à Prefeitura taxas de limpeza e manutenção. Mesmo assim ela se expõe e dedica parte do seu tempo a essa causa, beneficiando vizinhos indiferentes e educando nos pontos de ônibus e portas de padarias quem nunca teve a oportunidade de pensar no assunto por estar ocupado em ganhar o pão de cada dia. Com essa atitude singela, ela vem arrebanhando adeptos e já ganhou espaço na grande imprensa, trazendo à tona a porcaria que os outros insistem em esconder ou ignorar. Parabéns, Silvia, maluca-beleza!!!

Não cabe a mim, como jornalista, apontar soluções técnicas aos especialistas sobre o destino final do lixo. Dizer que boa parte pode ser reciclada ou reaproveitada como adubo ou gás combustível e que se deve ter muito cuidado com resíduos perigosos seria chover no molhado. Faço questão, porém, de registrar aqui a idéia contundente de um professor de física que insistia com seus alunos em apontar como um dos perigos da humanidade, ainda que se tornasse pacífica, ver seu mundinho acabar afogado num grande mar de excrementos... Para encerrar de maneira mais amena e positiva, convido você a visualizar comigo um mundo limpo e sereno, em que predominem o bom senso, a beleza e a ordem natural das coisas.

Seja ecológico

• Aproveite tudo o que puder dos alimentos, economizando nas quantidades (utilize talos, cascas, folhas). Evite desperdícios.

• Reveja seus hábitos alimentares. Diminua excessos. Faça jejum uma vez por semana ou a cada 15 dias.

• Recicle. Observe o que realmente tem utilidade para você. Procure dar um destino útil ao que for dispensado (roupas, móveis, alimentos). Evite fazer doações a quem vai colocar tudo no lixo...

• Colabore com o Planeta. Não polua. Recolha seus restos, por onde quer que vá.

Autopromoção sem Limites

Segunda-feira braba, mal-humor exalando pelos poros das pessoas espremidas num vagão de metrô superlotado. A voz inexpressiva comunica o motivo da lentidão, mas ninguém dá ouvidos. Olhos perdidos ao longe, cada qual mergulhado em seus problemas é apenas mais um na multidão. E como o que não tem remédio remediado está, aproveito parada o tempo que passa, observando os semblantes e os cuidados de cada um para com a própria aparência.

Não costumo estar em meio à massa humana que se aninha nos transportes coletivos; tampouco tenho por rotina mergulhar na imensidão de rostos anônimos que transita pelas grandes avenidas desta megalópole louca que é São Paulo. Vivo assim num mundinho quase particular, na contramão do tráfego, escritório itinerante, entre a casa, as reuniões com clientes e a minha própria editora enfiada num bairro discreto da Zona Norte.

Metida em meu gabinete entre idéias e livros, o telefone é o cordão umbilical que me liga aos acontecimentos da vida pulsante das ruas, cheia de emoções e novidades. Se engarrafada no carro, o rádio é meu alento com seus informes sobre o trânsito que me permitem circular por grandes e rápidas avenidas sem perder muito tempo e sem olhar para os lados, evitando o assédio do limpador de vidros, do motoqueiro, do assaltante. É uma experiência curiosa, longe da turba mas participando dela, sendo eu mesma minha melhor companhia. Talvez por isso ainda me encante com o passatempo de observar o ser humano no que há de mais trivial e rotineiro, descobrindo novos significados a cada pequeno detalhe que revela os mistérios de seu comportamento.

Acuada naquela posição estratégica, bem no fundo do vagão, meu campo de visão é excelente: pessoas de todos os tipos, idades e classes sociais defendendo seu exíguo espaço com firmeza, evitando uma série de empurrões e desculpas desnecessários. Por sorte, devo descer próximo à estação terminal e boa parte da multidão já terá chegado a seu destino, de acordo com minhas expectativas. Como aquela moça com uma grande mochila preta às costas e uma enorme estampa da marca do fabricante na aba, parecendo um brinde ou material promocional. Ou aquele rapaz de boné, cujo logotipo combina direitinho com o exagerado bordado na jaqueta, de cor nada discreta.

Começo a perceber, nos traseiros, etiquetas bem evidentes de todas as marcas de jeans. Pessoas de aparência humilde desfilam as grifes mais famosas na forma de tênis, calças, camisetas. Algumas vezes me aventurei a entrar em tais lojas para adquirir um produto e quase sempre fui desencorajada pelo preço ao analisar a relação custo/ benefício. Além do mais, nunca me senti à vontade como um out-door ambulante desta ou daquela marca.

Na tentativa de ser diferenciado, todo mundo acaba comprando tudo igual. Isso sem falar nas réplicas e imitações literalmente baratas que são vistas por aí. Eu sou o que aparento ser ou existem as tais grandeza e beleza interiores? Em plena Era das Comunicações, o marketing tornou-se imprescindível. E se antes promovia apenas produtos, empresas, instituições, hoje em dia é moda a promoção pessoal, com o ego à flor da pele. Cuidados com a aparência ganham destaque nesse jogo de ilusões.

Para exibir uma etiqueta de roupa cara, o office-boy de classe média baixa investe boa parte de seu salário, quem sabe na esperança de ser confundido com um "mauricinho" qualquer, conquistando melhores oportunidades na vida; talvez consiga atrair a atenção de uma "patricinha", passando a freqüentar lugares da moda. Em São Paulo, um assassino serial que ficou conhecido como o "maníaco do Parque", equipado com um par de patins sofisticados, participava de um grupo de esportistas que incluía representantes da classe média alta. Com os cabelos oxigenados, chegou a protagonizar um comercial de TV. Quem vê cara não vê coração, mas como perceber isso quando os olhos e todos os outros sentidos estão voltados apenas para a aparência, insensíveis ao conteúdo humano que cada corpo encerra?

Vender a própria imagem é tão comum quanto oferecer sabão em pó ou refrigerante. E até mesmo quem não habita o Olimpo das páginas de jornais e revistas, nem ocupa espaço no rádio ou na TV, faz questão de consumir produtos notórios da mídia como o sabonete das estrelas, a moda dos yuppies ou o tênis dos campeões, na esperança de ser comparado a um deles. Ou de ser "descoberto" por um caça-talentos ao distribuir folhetos promocionais numa esquina qualquer, tornando-se, da noite para o dia, uma nova Adriane Galisteu. A propaganda se ocupa de confundir nossas mentes, criando desejos e modelos muitas vezes inadequados à nossa realidade.

O sonho "de ser alguém" (como se cada um fosse ninguém...) tem provocado lamentáveis equívocos. A estratégia de sedução mais usada pelo "maníaco do Parque" era prometer a suas vítimas que elas se tornariam modelos fotográficos. As jovens sonhadoras eram levadas a um lugar ermo, longe de qualquer glamour, sendo ali violentadas, e em muitos casos, mortas.

O circo eletrônico dos horrores promove e perpetua verdadeiras aberrações. Outro dia, num desses programas em que a miséria humana é exibida a pretexto de elevar seu apresentador à condição de anjo-guardião, uma mulher de cabelos tingidos e bem tratados, maquiada e com as unhas cuidadas, soluçava abraçada a um casal de gêmeos dizendo que precisava de ajuda para criá-los. Num gesto desesperado, no dia anterior ameaçara abandonar os filhos na porta da emissora para que fossem dados à adoção. Depois que o magnânimo apresentador prometeu-lhe um emprego, a mulher, fazendo rolar discretas lágrimas de crocodilo, não conteve a pretensão e deixou escapar que as crianças estariam à disposição, caso alguém se interessasse por elas... para protagonizarem comerciais de TV! Raciocínio esdrúxulo para alguém que, momentos antes, pedia pouco mais que um prato de comida para garantir a sobrevivência dos pequeninos...

Hoje em dia vende-se tudo, mas nem sempre foi assim. Nos primórdios da humanidade, a relação era de troca, atendendo sob medida às necessidades de cada criatura; um fornecia um pedaço de carne, outro dava sua contribuição na forma de lenha, e dali saía um belo assado que alimentava as partes envolvidas e suas tribos. Com o advento da moeda, as transações assumiram a forma de venda: quem possuía um bem, serviço ou produto era capaz de cedê-lo em troca de dinheiro, que passou a ser estocado em substituição ao volumoso – e muitas vezes arriscado – lastro de mercadorias. De fato, era mais fácil guardar a grana no colchão que perder sua safra de milho corroída pelo caruncho ou mofada pela umidade do galpão improvisado.

Após a Segunda Guerra Mundial, surgiu o conceito de marketing, buscando criar produtos que fossem de encontro à satisfação dos anseios humanos; vender já não era uma conseqüência natural do acúmulo de produção. Antes de sair por aí fabricando cadeiras ou qualquer outro objeto, tornou-se necessário um planejamento. Desde o desenvolvimento do projeto, à elaboração de um preço justo até as formas de promoção e distribuição junto aos consumidores, tudo deveria ser pensado para que a produção fosse mais proveitosamente absorvida.

Se antes as necessidades eram básicas e reais, atualmente a maioria é criada por marketeiros especializados; visam não apenas nossa sobrevivência através de produtos que nos garantam alimentação, vestes, moradia e ferramentas adequadas ao desempenho de nossas funções, mas conforto, economia de tempo e energia ou mesmo luxo e superficialidade. Como nos primórdios das transações comerciais, o marketing, hoje, se coloca na contramão dos desejos da humanidade, preocupando-se em desenvolver estratégias para nos empurrar goela abaixo uma série de excessos ou de inutilidades. Agora compreendo as sábias as palavras de minha avó ao afirmar que "eles não sabem mais o que inventar"...

Já não basta ter um telefone para uma comunicação

rápida e eficiente; a vida urge e no mundo globalizado pessoas "importantes" precisam de uma linha celular para serem localizadas no carro, no cinema, na praia, no banheiro. São necessários um forno de microondas em substituição à marmita aquecida em banho-maria (a maioria das donas-de-casa que conheço utilizam a engenhoca apenas para requentar comida...), uma lava-louças em vez da empregada (que requer mais que manutenção, por causa das leis trabalhistas), uma máquina de limpeza a vapor para deixar a casa brilhando (adeus rodos, vassouras e esfregões). Como viver sem um computador, uma secretária eletrônica, TV a cabo, vídeo-cassete e uma coleção de CDs? Quer saber? Pergunte ao meu pai!

Avesso à modernidade como muitos cidadãos à moda antiga, ele dispensa as traquitanas e ainda aprecia um bom café de coador; faz da gerência do banco sua própria sala de visitas, recusando-se a usar os benefícios do cartão eletrônico. Por outro lado, se deixa seduzir pelos avanços da indústria automobilística, não resistindo ao conforto de uma direção hidráulica, ao desempenho de um motor 16 válvulas, a um design arrojado e à nova tonalidade de vermelho do ano. Pois é, ele também tem suas fraquezas consumistas e os especialistas em marketing sabem e se aproveitam disso...

Mais intrigante que vender produtos ou serviços é vender a imagem de alguém. Todos parecem ter um preço e emprestam não apenas seu corpo a uma bugiganga qualquer, como muitas vezes oferecem a própria alma, através de seu nome e credibilidade, em projetos suspeitos. A ganância os torna insuportáveis através da superexposição na mídia; acabam matando a galinha dos ovos de ouro.

Certos profissionais de marketing tornaram-se especialistas em transformar qualquer bagulho em mercadoria comercialmente viável, afastando-se do propósito inicial de desenvolver projetos que fossem de encontro às exigências do consumidor. Preocupam-se apenas em confundi-lo, vendendo gato por lebre embrulhado numa aparência confiável e amiga.

Detalhes da vida pessoal das personalidades envolvidas criam um vínculo emocional nessa relação puramente comercial, gerando empatia/simpatia do personagem frente ao público, nos fazendo crer que o produto é realmente como aparenta ser naqueles breves segundos de exposição. Recursos como maquiagem, iluminação, mensagens cifradas e até mesmo a temida propaganda subliminar – aquela que "vende o peixe" sem você perceber – são usados rotineiramente, sem grandes escrúpulos. Eles recriam em nós estados emocionais, disparando os gatilhos que nos levam inconscientemente à ação, tornando o consumo inevitável.

No reverso da moeda, um homem que não teve autoridade para franquear a entrada de seus familiares na maternidade quando do nascimento da filha, aparece em campanha publicitária comemorativa ao dia dos pais protagonizando "o pai do ano". Sem mostrar um grande futebol durante e após a Copa do Mundo, o patrocinador continuou insistindo em fazer do centro-avante brasileiro Ronaldinho "o melhor jogador do mundo". Cantores vendem mais discos quando se tornam símbolos sexuais e atores precisam escancarar as portas de sua vida privada para permanecerem no auge da fama. A mediocridade é premiada através de cachês milionários e ocupa cada vez mais espaço na mídia. Quem aceita as regras do jogo torna-se interessante às estratégias atuais do marketing.

Prometer o impossível é banalidade nesse mundo que tenta realizar sonhos através de mentiras. O com-posto de cartilagem de tubarão que garante o fim da osteoporose, cremes ordinários que prometem acabar de vez com a celulite ou as estrias, sopas emagrecedoras, tu-do isso já foi anunciado por gente bem famosa. E o cír-culo vicioso se perpetua: os compradores se deixam se-duzir pelo carisma dos apresentadores e estes investem cada vez mais na própria imagem à procura de novos segmentos de mercado em que possam atuar e faturar.

O filão conhecido como "esotérico" é uma fonte inesgotável para os aproveitadores. Por "apenas" R$ X,99 o minuto, você pode saber, por telefone, passado, presente e futuro. O barato sai caro, já que o interlocutor não desgruda antes de 30 ou 40 minutos. Estudiosa que sou dos oráculos como linguagem simbólica, fiquei enfurecida ao me submeter a uma consulta com o intuito de constatar tais afirmações para escrever este texto. A "entrevista preliminar" é enfadonha, cheia de perguntas a meu ver desnecessárias como, por exemplo, data e horário de nascimento numa consulta de tarô. E o relógio correndo, impiedoso.

As respostas previsíveis só podem satisfazer os incautos, tolos necessitados de uma urgente tábua de salvação. É claro que estou apresentando dados colhidos a partir de minha própria e revoltante experiência e dos depoimentos prestados por algumas pessoas que já consultaram, trabalharam ou foram convidadas a integrar a equipe de alguns desses adivinhos eletrônicos.

Lamento a imprecisão dos dados, mas meu dinheiro não é capim e, por esse motivo, recusei-me a ir fundo na investigação "científica" do "fenômeno". Aproveito aqui para deixar este alerta a quem procure uma orientação através de algum recurso ocultista; que o faça de maneira séria, com profissionais competentes, que estejam dispostos a gastar uma hora de seu tempo ou mais com você, olho no olho, por um preço justo pré-estabelecido. Portanto, desligue-se *djá*!!

Mais revoltante que isso, somente o marketing político. Com frases feitas, suspiros de indignação e promessas, muitas promessas, os algozes fazem crer o ignorante que serão os redentores da miséria e da injustiça social. Eles próprios falsos, injustos e miseráveis quando se trata de legislar a favor do pobre e do oprimido, pensando apenas em fundos de campanhas e no total de votos que poderão obter em cada curral eleitoral. Num passe de mágica, através de apelos emocionais têm o poder de eliminar de nossas mentes as falcatruas cometidas quando de suas gestões e reeleger-se sem muito esforço. Fortunas são gastas por eles com especialistas na criação de uma imagem "confiável". Como afirma um comercial de refrigerante, "imagem não é nada", lembre-se disso, leitor.

Para atuar no mundo, precisamos estar em dia com todos os conhecimentos e recursos de que pudermos dispor. Não adianta combater mísseis atômicos com lanças e armaduras; por isso, ante a desmesurada concorrência, é válido e indispensável utilizar as ferramentas do marketing para promover ou diferenciar seu produto. O que incomoda é a falta de ética, de bom senso, de respeito pela criatura indefesa do outro lado da linha. Assim, procure produzir algo que possa contribuir para o bem-estar ou a elevação do ser humano em algum aspecto. Se você tem uma boa proposta, deixe de lado a timidez, divulgue suas boas idéias, apareça!! As idéias são infinitas, os espaços para divulgá-las são finitos. Portanto, ocupe o lugar de um aproveitador, imponha limites aos enganadores e colabore para transformar este poderoso instrumento de comunicação em algo efetivamente útil e benfazejo.

Armadilhas da autopromoção

A fama ou a pessoa:(*)
o que nos atrai mais?
A pessoa ou a fortuna:
o que é mais precioso?
Ganhar ou perder:
o que é pior?

Mas agora:
Quem se apega a outras coisas
consome forçosamente as grandes coisas.
Quem coleciona coisas
perde, por força, as coisas importantes.
Quem é auto-suficiente não passa vergonha.
Quem sabe estabelecer limites
não corre perigo
e dura eternamente.

(*) Lao-Tzu. *Tao-Te King*, Pensamento

Pelos Caminhos da Lei

Foi com enorme alegria que recebi a notícia. Rodrigo, meu sobrinho e afilhado, aos 17 anos, acabara de ingressar na faculdade de Direito. Mais um na família, para orgulho de meu pai, que não teve a oportunidade de estudar, ocupado que estava com a sua – e a nossa – sobrevivência. Por ele, seríamos todos um clã de juristas, fazendo valer a lei e a ordem. Mas, que se dê por contente; meu irmão mais novo, minha irmã mais velha e agora o garotão, com seus doces olhos verdes e ar ingênuo, que acaba de optar pelos caminhos tortuosos da Justiça.

A figura em mármore à minha frente é bonita e algo sensual: incrustada num pedestal de ébano, uma mulher de vestes diáfanas, olhos vendados, segura uma balança harmoniosamente equilibrada. No arcano 8 do tarô, a diferença é que ela empunha uma espada na mão direita enquanto a outra equilibra os pratos. Acomodada num trono de ouro, com uma coroa igualmente imponente, na carta que simboliza A Justiça a mulher mantém seus olhos abertos, impávida, apesar do olhar inexpressivo e da simetria algo irritante da figura, que sugere neutralidade, imparcialidade e nenhuma paixão.

Nos meios de comunicação, o assunto está na ordem do dia. Em geral, mostram-se mais as injustiças (parece que Madame Justiça anda míope ou muito bem vendada...) Escândalos políticos, crimes, trapaças e outras atrocidades são um convite à reflexão.

Tudo começou quando o bicho-homem, contrariando sua própria natureza, resolveu dar espaço a atitudes e sentimentos negativos como a inveja, a cobiça, a apropriação indébita. Com o passar do tempo, foi necessário pôr limites à perversidade, senão a coisa não ia pra frente: o bicho-homem acabaria com sua espécie em dois tempos se apelasse apenas para a ignorância. Assim, na Antigüidade Clássica, surgiu o Direito Romano, base dos sistemas jurídicos do mundo ocidental. Embora "romano", foi amplamente influenciado por filósofos gregos como Platão, Aristóteles, Pitágoras. A partir de então, o que era um simples código de honra tornou-se código mesmo, cheio de leis escritas e sancionadas, para fazer cumprir o dito popular: "escreveu, não leu, o pau comeu".

Parece que os homens gostaram da idéia de elaborar leis sobre as quais repousa toda a Justiça. Hoje em dia, seus criadores brasileiros têm seu trabalho supervalorizado – e superfaturado! Pudera, eles próprios fazem também as leis e emendas que lhes conferem salários altíssimos e benefícios inimagináveis para qualquer mortal. Chego a pensar que consideram-se deuses, à imagem e semelhança do Pai, o qual, com apenas dez mandamentos, tentou pôr ordem na casa... Visto que criaram centenas de milhares de leis, talvez se julguem até superiores a Ele. Seria bom que o Poder Legislativo ficasse atento à sabedoria expressa em Mateus, 5, 20: "Porque vos digo que, se a vossa justiça não exceder em muito a dos escribas e fariseus, jamais entrareis no reino dos céus".

Os criadores de regras parecem estar pouco preocupados com o tal reino, posto que já imperam incólumes aqui e agora. Ocupam-se mais em estorquir os eleitores que lhes conferiram poder, considerando-os não como tal, mas como um bando de súditos ou vassalos. Legislando em causa própria, apresentam teses tão contraditórias que causam espanto até mesmo ao caboclo mais simplório, sem estudo e sem informação. "Uai, o tal de Maluf não disse que era contra a reeleição? Mas, noutro dia ele disse que era a favor...Uai..." Sim , é a favor, eleitor, mas não para agora, somente quando *ele* estiver no poder. Enquanto está fora, ele é contra. Só é favorável à reeleição após o próximo escrutínio quando, acredita, será eleito. Depois, – aí sim –, aprova-se a reeleição... e *ele* é re-e-leito! Ficou bem claro?

"O Direito brota dos fatos sociais", anotei num caderno, com letra bem desenhada, numa aula de legislação editorial. Mas tais fatos nos confundem, apresentando paradoxos a todo momento – vide Maluf e outras maluquices. Como manter a balança da justiça em equilíbrio, quando nos apresentam dois pesos e duas medidas?

Na disputa pela presidência em 98 alguns políticos consideraram a reeleição do presidente Fernando Henrique Cardoso fato consumado e fizeram estranhas alianças para garantir também sua permanência no poder. Prometeram aumentos de salários na Câmara, negociaram cargos... Eles, os mesmos incumbidos de fazer as leis para que sejam cumpridas por nós, em nome do estado de Direito. "Não torcerás a justiça, não farás acepção de pessoas, nem tomarás suborno; porquanto o suborno cega os olhos dos sábios e subverte a causa dos justos" (Deuteronômio, 16, 19).

Deixemos de lado os políticos, porque neles, raras vezes, encontramos a justiça, preocupados que estão em resolver seus problemas às nossas custas. Voltemo-nos agora a outros representantes da lei. Casos e mais casos têm ocorrido em que polícia e bandido se confundem, cada qual pretendendo ser justiceiro à sua moda. Quando concebi este texto, pensei de pronto em usar como exemplo o falecido "bandido-herói" Leonardo Pareja, moço de classe média e boa escolaridade que ganhou espaço na mídia por conta de assaltos e fugas espetaculares. Sua ousadia era tamanha que chegou a desafiar a polícia telefonando para programas de rádio. Foi reconhecido quando participava de um culto religioso numa igreja e conseguiu escapar mais uma vez. Um mês depois, entregou-se, alegando ter medo de ser morto num eventual tiroteio, durante sua captura.

Mais tarde, protagonizou negociações entre presidiários e autoridades, na cadeia onde estava recluso. Depois de muita conversa e contínuas aparições na TV, conseguiu fugir com outros 43 presos, levando com ele algumas autoridades. Emprestando o próprio colete à prova de balas a um dos reféns em seu poder, ao ser recapturado foi ovacionado como herói pelos veículos de comunicação, cuja principal função tem sido criar ídolos, ainda que efêmeros e amorais.

De volta à prisão, tornou-se o líder do pedaço, subjugando os companheiros e arquitetando nova fuga. Mas, como um rei sempre é morto por seus súditos, bem dizia John Lennon, Pareja teve seus dias de glória encerrados pelo punhal de um colega drogado, seu braço-direito, que se insurgiu contra a sua autoridade. O bandido-herói virou livro, quem sabe vai virar filme, só falta virar grife... Ironias à parte, Pareja assumiu, à sua maneira, o papel de justiceiro, chegando a ser confundido com um bom moço, abalando a opinião popular.

Um representante do movimento "Tortura Nunca Mais" chegou a cobrir o caixão do bandido com a bandeira do Brasil, honraria concedida somente aos filhos mais pródigos da nação. Ao exigir melhores condições de vida para os presos, vítimas do sistema carcerário, Pareja posava como defensor dos direitos humanos; os mesmos direitos que ele aviltava com seus crimes, agredindo pessoas comuns e expondo suas vítimas à pontaria nervosa dos policiais caçadores. Ele também controlava o tráfico de drogas e armas na cadeia, montando até um esquema de prostituição entre os presos. Essa era a sua forma de justiça. "Tão certo como a justiça conduz para a vida, assim o que segue o mal para a morte o faz". (Provérbios, 11,19).

Enquanto estava amadurecendo a idéia do episódio Pareja, minha atenção foi despertada para o caso dos policiais de elite que abateram um comerciante drogado, completamente dominado, segundo os registros de uma câmara de vídeo. Numa ação emocionante, esses policiais – que recebem treinamento e salário diferenciados – invadiram o apartamento do infeliz, que atentava contra a própria vida completamente fora de si, levando, vez por outra, um revólver à altura da cabeça. Pouparam-lhe o trabalho, executando-o com dois tiros à queima-roupa pelas costas, conforme laudo da perícia.

O que se conta é que o homem, desesperado com suas dívidas, mergulhou no crack e maltratava a mulher. No episódio, empunhava desajeitadamente uma arma, sugerindo ser perigoso. Seria justo eliminá-lo com base em informações tão minguadas? Seriam esses policiais "heróis-bandidos", trafegando na contramão dos tortuosos caminhos percorridos por Leonardo Pareja? Que se apurem os fatos para que novos equívocos da mesma natureza não sejam cometidos. "Não poupa a vida ao perverso, mas faz justiça aos aflitos." (Jó, 36, 6).

Houve também o julgamento do ator Guilherme de Pádua, acusado de assassinar a colega e amante Daniela Perez por problemas passionais. O crime, executado com requintes de perversidade e premeditação, recebeu versões conflitantes dos dois acusados, ele e sua ex-mulher Paula Thomaz. O advogado de defesa fez de tudo para poupá-lo, mas Guilherme acabou condenado a 19 anos de prisão. Como já cumpriu parte da pena, foi posto em liberdade. Paula sempre jurou inocência. Qualquer que seja a verdade, que esta prevaleça. "A justiça dos retos os livrará, mas na sua maldade os pérfidos serão apanhados". (Provérbios, 11, 6).

Outro tema polêmico que virou até assunto de novela é a eterna disputa entre latifundiários e sem-terra. Os conflitos têm assumido grandes proporções ao longo de décadas e, dada a disposição do governo em discutir a questão e assentar colonos, dizem haver interesses de certos partidos políticos por trás do movimento, que vão além dos direitos da cidadania e da sobrevivência do homem. As invasões ocorrem em clima violento; a polícia, na maioria dos casos, revida com mais violência.

Os sem-terra continuam posando de vítimas indefesas e seguindo a liderança. Querem porque querem ser assentados onde bem lhes aprouver, tornando-se reticentes a propostas de assentamentos em outras terras. A situação é delicada e só será resolvida a contento através da atitude justa. "Não farás injustiça no juízo: nem favorecendo o pobre nem comprazendo o grande; com justiça julgarás o teu próximo". (Levítico, 19, 15).

Se você fosse o juiz, como resolveria cada uma das questões aqui apresentadas? Nada há de hipotético nos exemplos propostos, são fatos verídicos que povoaram nossa realidade nos últimos anos e despertaram a opinião pública para temas ligados a corrupção, violência, distribuição de renda. Em que nos baseamos quando emitimos um julgamento? Em geral, somos frágeis e infantis em nossos juízos.

Tomamos meras e parciais informações por fatos e acreditamos neles – ou não. Concordamos ou não. Condenamos ou absolvemos segundo nosso ponto de vista pessoal e único, sem nos darmos conta de que tudo sempre pode ser visto sob outro ângulo: "A tua justiça é como as montanhas de Deus; os teus juízos, como um abismo profundo(...)" (Salmos 36, 6).

O budismo parece ter chegado à síntese do que é fundamental para todo e qualquer julgamento: a compreensão correta, primeiro e mais importante passo dos ensinamentos conhecidos como Nobre Senda Óctupla.

O reverendo Gyomay Kubose, nos alerta: "Julgamos as coisas através da comparação e dizemos que isso é bom ou mau, certo ou errado, bonito ou feio. Julgamos as coisas de acordo com o nosso gosto e a nossa conveniência. E também as julgamos de acordo com o nosso próprio padrão e dizemos que alguém é civilizado, incivilizado ou selvagem. Comparar e julgar através da divisão é uma característica do mundo ocidental, que se baseia no conceito dualístico criador e criatura., Deus e homem, recompensa e castigo, certo e errado, conquistador e conquistado."[7]

"Culpado ou inocente" parece ser uma dualidade arraigada em nossos costumes. No entanto, como afirma Kubose, "a compreensão correta não é a comparação. Ela vai além dos valores relativos. Ela transcende a comparação dualística. Compreensão correta quer dizer reconhecer a singularidade de cada coisa, compreender as coisas tais como elas são." Isso não significa que precisamos aceitar e conviver com políticos corruptos, bandidos desajustados socialmente, policiais truculentos, assassinos passionais ou invasores rebeldes. Mas que devemos refletir muito antes de proferir o veredicto, considerando as coisas justas ou injustas.

A sede de justiça precisa ser aplacada, dando lugar ao verdadeiro e saudável equilíbrio. Quando criança, minha mãe costumava apartar as brigas dos irmãos mais velhos. Com isso, a gritaria e a algazarra enchiam aquele lar conturbado. Cansada da confusão, minha avó ordenava que um deles fosse ao fundo do quintal pegar um galho de pessegueiro. Munida daquela ferramenta, ela açoitava os três filhos, até a varinha se quebrar. Se não achasse suficiente a punição, requisitva um novo galho. E tome chicotada...

Para minha mãe, que praticamente não tinha participado da briga, aquilo parecia extremamente injusto. Para meus tios também, visto que um deles teria sido o causador da situação, enquanto o outro era apenas vítima. Para não faltar com justiça, minha avó colocava todo mundo literalmente "na lenha". Quanto aos vizinhos, atarantados com tantos berros, aquilo parecia extremamente injusto...

O que é justo? O que não é? O terapeuta americano Wayne Dyer ressalta: "A justiça é simplesmente um conceito que quase não tem aplicabilidade, particularmente naquilo que diz respeito a suas próprias escolhas de auto-realização e felicidade. Mas um número demasiado grande de nós tende a exigir que a justiça seja uma parte inerente às nossas relações com as outras pessoas"[8].

Ampliar nosso modelo de mundo, aceitar diferenças, manter a neutralidade, a imparcialidade, aplacar nossas paixões, a exemplo da mulher que segura nas mãos a balança em equilíbrio, é o desafio do justo. Fugir das desculpas fáceis e da passividade *("Deus quis assim"; "É o carma, o destino – está escrito"; "Isso não é justo!")* nos permite a análise correta dos fatos e a convivência pacífica. Diminuir as cobranças acerca de nós mesmos e da nossa tão cultuada auto-imagem. Viver – ou procurar viver – sem julgamentos, sem condenações e punições. Só assim a humanidade estará preparada para trilhar as sendas da justiça.

Fazendo Justiça

• *Coloque-se à parte nos seus julgamentos.* Não tente tirar proveito. "Muitos buscam o favor do que governa, mas para o homem a justiça vem do Senhor." (Provérbios, 29, 26). "Melhor é o pouco havendo justiça, do que grandes rendimentos com injustiça". (Provérbios, 16, 8).

• *Não se deixe levar pelas aparências.* "Não julgueis segundo a aparência, e, sim, pela reta justiça" (João, 7, 24)

• *Evite julgar enquanto estiver envolvido por sentimentos como raiva, mágoa, tristeza.* "Porque a ira do homem não produz a justiça de Deus" (Tiago, 1, 20)

• *Pratique a caridade, a bondade, a compaixão.* Você aceitará as diferenças do outro. "O que segue a justiça e a bondade achará a vida, a justiça e a honra". (Provérbios, 21, 21)

• *Assuma sua vida e não use as injustiças como formas de protelar a sua felicidade.* "À minha justiça me apegarei e não a largarei; não me reprova a minha consciência por qualquer dia da minha vida". (Jó, 27, 6)

• *Busque a pureza, contactando seu Eu Superior.* "Retribuiu-me o Senhor, segundo a minha justiça, recompensou-me con-forme a pureza das minhas mãos" (Salmos, 18,20)

Mistura Fina

Pelos quatro cantos do mundo, a mulher brasileira é sinônimo de exotismo e beleza. Rostos e corpos ímpares, por vezes curiosos, resultam da miscigenação que teve lugar a partir do século XVI, com a chegada dos portugueses. Encantados pela graça e inocência das índias, seduzidos mais tarde pela brejeirice das africanas escravas, foi surgindo este povo mulato, branco, negro, que recebeu retoques orientais e germânicos primorosos com o flagelo das Guerras. "Crescei e multiplicai", eis que o mandamento do Criador foi seguido ao pé da letra, resultando nesta mistura admirável.

Povo vira-lata, ainda que alguns insistam em tentar preservar certa linhagem, fica difícil para qualquer brasileiro colocar-se como legítimo representante de uma raça; mesmo porque, até o nosso intelectual e vaidoso Presidente declarou, sem muito jeito, ter "um pé na cozinha", numa alusão um tanto desastrada às suas raízes negras.

Particularmente, sou paulista da gema, filha de mãe nissei e pai luso-germânico. Como herança materna recebi os olhos amendoados, cabelos negros e lisos, pele sedosa e sensível, traços delicados. Do gaúcho, um tanto mais português que alemão, vieram a tonalidade clara da íris, a ossatura resistente, o queixo decidido e a testa larga. Bom seria que somente as qualidades fossem herdadas, mas nos dias sombrios me pego blasfemando contra as orientais pernas tortas — que bem podiam ter dispensado a pelagem — e o buço lusitano. As cadeiras largas de Dona Maria não combinam muito com a quase ausência de seios; e faltam ainda três míseros centímetros para que eu pudesse ter o prazer de declarar exatos um metro e setenta, o que faz grande diferença em se tratando da bainha das calças...

Por enquanto falamos apenas da aparência; mas, e o que vai por dentro? Maneirismos, crenças, posturas. Andares, olhares, gestos. Por questões profissionais, tive de aprender um pouco a tradicional linguagem das mãos à italiana, pura questão de sobrevivência nestas paragens paulistanas, *né , bello*? E a rebolar na ginga africana, para não ser doente do pé no país do Carnaval. E a ter, na hora H, a verve britânica, tentando manter a classe. Êta, baita confusão, tchê!!

Em se tratando de gente, considero as misturas muito bem-vindas. Assim, todos temos telhado de vidro e somos cautelosos, evitando atirar a primeira pedra. Abaixo à pura raça hitler-ariana, ao pedigree, à estirpe. Viva a anarquia genética, cara de um, focinho de ninguém, a saudável confusão inter-racial!!

A humanidade já padeceu por muita besteira gerada pela preconizada superioridade de uma tribo, um regime político ou uma religião. É tempo de somar, não de dividir. A homogeneidade virá a partir do que é heterogêneo; cada qual, na sua exclusividade única de indivíduo, sabendo-se um ser humano idêntico a outro qualquer.

É fato que a mistura aprimora as espécies, em vez de deteriorá-las. Os cães da raça *llasa-apso* apresentam problemas de fotofobia, por isso são obrigados a usar a franja imensa sobre os arregalados olhos; os *cocker* ingleses padecem de inflamação crônica nos ouvidos, encaixados naquelas orelhas longuíssimas, que se arrastam pelo chão. Também entre os animais ditos irracionais o incesto é pouco recomendável: evita-se o cruzamento de fêmeas e machos da mesma linhagem, sob o risco de produzirem filhotes imperfeitos. Em resumo: a palavra de ordem da natureza é miscigenar.

Mestiços, cafusos, mulatos são muito mais resistentes que seus ancestrais "puros". Olhos e pele claros ganham mais melanina e maior resistência aos raios solares; cabelos pixaim se transformam em sensuais cachos relaxados, perfis achatados tomam belas e rechonchudas formas, ao estilo dos anjos barrocos. Progresso é isso: melhorar a cada dia a humanidade, geração após geração, alcançando a harmonia entre os povos.

Em nome da idealizada perfeição, alguns deslizes, fundamentados na evolução de experimentos genéticos, vêm colocando em polvorosa a ordem natural das coisas. Refiro-me a certas excentricidades que subvertem a natureza, como a futura escolha do sexo ou da cor dos olhos do bebê, características fisionômicas e outros que tais. Serão mesmo necessários tantos caprichos estéticos ou será suficiente o milagre de criar uma vida humana, oferecendo-lhe os fundamentos para a perpetuação dessa bela e rica espécie?

A engenharia genética surgiu há cerca de 20 anos, com o propósito dignificante de varrer da face da terra doenças e pragas. Interessante observar que após todo esse tempo de pesquisa, nenhum mal foi totalmente erradicado, dando lugar a bizarras experiências, o que cria polêmica quanto ao seu uso indiscriminado.

Feito cientistas malucos dos mais incríveis filmes de ficção, estudiosos começaram a cruzar espécies em laboratório ignorando a máxima "de boas intenções o inferno está cheio". Os resultados apresentados ao público leigo despertam curiosidade, a princípio. Vistos de perto, à luz da razão, causam mesmo muita preocupação. Ficamos, pois, imaginando o que estará ocorrendo, de fato, nos bastidores da ciência.

O princípio da engenharia genética é simples: para criar um animal transgênico basta introduzir genes de outras espécies num óvulo já fecundado. Como resultado, espera-se que o gene exógeno se expresse através do animal hospedeiro, criando mutações genéticas. Os objetivos de tais proezas são aparentemente nobres: o cruzamento de genes de animais para abate, como ovinos e bovinos, por exemplo, resultaria em espécies de pequeno porte com significativo aumento na quantidade de carne produzida. Outras combinações tornariam possível criar proteínas, hormônios ou anticorpos que pudessem ser aproveitados na forma de vacinas e outros suplementos no tratamento de doenças humanas.

Estaríamos, a exemplo da ficção de Aldous Huxley (no Admirável Mundo Novo, escrito em 1932), tomando para nós poderes antes atribuídos ao Deus Supremo? Que planeta estamos reinventando? Teremos sabedoria e ética suficientes para impedir que tais experimentos promovam aberrações tamanhas, capazes de acelerar o final dos tempos por meio de pragas ou seres incontroláveis?

Lembro-me do meu primeiro contato com a criação de novas espécies. Ainda criança, num lugar maravilhoso próximo à capital de São Paulo, conhecido como

Roselândia, um senhor de nome Arno ensinava a arte de fazer enxertos, produzindo novos e maravilhosos tipos de rosas. O processo simples – e sem dúvida muito antigo, fora trazido da Europa por seus antepassados.

Cresci ouvindo histórias de minha avó a respeito do cruzamento de tais e quais espécies cítricas resultaram no limão sem semente; mais tarde, tornei-me fã incondicional da saborosa nectarina, um tipo de pêssego sem penugem, tanto ou mais perfumada e saborosa. Há pouco tempo, na Unicamp, em Campinas, um antigo sonho meu tornou-se realidade: o abacaxi que pode ser consumido em gomos, dispensando o desbaste da casca espinhenta – que reduzia a polpa a quase metade. Sempre pareceu-me fantástica a idéia de aperfeiçoar a natureza, até deparar, há pouco tempo, com a questão polêmica dos transgênicos.

Desenvolver um órgão humano num animal qualquer, visando futuro transplante, parece, a princípio, uma nobre iniciativa, especialmente se tal órgão puder salvar uma vida. Através de tecidos biodegradáveis de poliéster e outros polímeros combinados com células de uma orelha humana, cientistas foram capazes de produzir o órgão "hospedado" nas costas de um rato. A proeza correu mundo, sendo ovacionada como uma saída plausível para a criação de partes do corpo artificiais.

Outro experimento com porcos hospedeiros designados pela sigla P33 visava o desenvolvimento de órgãos para "xenotransplantes". Em bom e claro português isso significa que, em breve, uma criança ou adulto deficiente poderá estar recebendo um rim, talvez um fígado suíno para tocar sua vida adiante. Bom para os humanos, desastroso para o rato ou para o porco, que serão abatidos nesse processo de "salvação". O ato resulta em privação da vida, embora feito em moldes bem diversos dos antigos sacrifícios das tradições tribais.

É chegado o momento de dar ouvidos à ética e também à voz do coração. De fato, parece-nos correto escolher a criança em vez do porco ou rato; mas a ecologia requer biodiversidade e qualquer deslize pode fazer com que a cobiça ou a empáfia dos homens nos façam colocar os pés pelas mãos, impedindo a evolução das espécies ou promovendo sua extinção. Além disso, há que se considerar que a iniciativa envolve não apenas vidas humanas, mas também muito dinheiro. O mercado mundial de transplantes está avaliado em cerca de 6 bilhões de dólares por ano.

O que, às vezes, nos parece ficção futurista já é uma realidade: nos Estados Unidos, um tipo de mosca geneticamente modificada foi introduzida em lavouras para combater carrapatos. Uma parte do plano funcionou, visto que estes foram dizimados. Quanto às predadoras, que não possuem inimigos naturais, gastou-se enorme quantia em pesquisas para controlá-las.

A transgenia em relação a alimentos de origem vegetal é igualmente preocupante, embora o assunto seja ainda pouco discutido por nossos meios de comunicação. A indústria das sementes transgênicas vem criando raízes no Brasil há, no mínimo, dois anos. Criando raízes é modo de dizer, visto que o objetivo principal dessas multinacionais vem se mostrando produzir matrizes estéreis, para uma única safra.

Trocando em miúdos: adeus cultura de subsistência, adeus independência econômica. Se antigamente o produtor comprava as sementes, plantava e depois da colheita reservava um tanto para o plantio da próxima safra, boa parte das sementes transgênicas produzidas não se prestam à reprodução. Ou seja, no ano seguinte, a história se repete: o fazendeiro terá de adquirir novamente as matrizes através das multinacionais da alimentação.

Hoje experimentamos o amargo sabor dos trustes das matérias-primas esgotáveis, como o petróleo, o minério de ferro ou o ouro. Amanhã poderemos estar à míngua por conta dos vorazes reinventores da natureza.

Não por acaso, suas pesquisas voltam-se principalmente a produtos básicos como o milho, a soja, o trigo. Em geral, alegam que as modificações genéticas por eles inventadas visam não apenas o aumento da produtividade, mas outros benefícios como promover maior resistência às pragas, superar as adversidades climáticas ou atingir maior poder nutritivo. Na prática, porém, a teoria é outra, e os efeitos colaterais já se fazem sentir.

Um dos principais problemas apontados em relação aos transgênicos e híbridos é a questão das alergias. As modificações promovidas, como a "fabricação" de certas proteínas que originariamente não se encontravam presentes em determinados alimentos, podem ser reconhecidas por nosso sistema imunológico como corpos estranhos que devem ser neutralizados, desenvolvendo reações potencialmente alérgicas.

Uma espécie de soja foi modificada através da introdução de genes de castanha-do-pará com o objetivo de aumentar seu teor de methionina, um aminoácido importante para algumas funções cerebrais. Pessoas sensíveis à castanha-do-pará manifestaram alergia também ao consumir esse tipo de soja transgênica.

Outro possível "efeito colateral" é a migração do gene resistente a pragas ou ervas daninhas para outras culturas plantadas na vizinhança. Um campo de milho transgênico especialmente desenvolvido para resistir à ação de herbicidas poderia transferir tal gene a outras plantas, causando desequilíbrios ecológicos de conseqüências imprevisíveis.

No que diz respeito às questões éticas, os nobres cientistas parecem não ter limites. Em nome da ciência e da criatividade, pesquisadores introduziram genes de uma espécie de linguado do Ártico num tipo de tomate; o cruzamento recebeu o nome de Flavr Savr. Segundo seus "criadores", o fruto resultante oferece maior resistência ao congelamento e ao transporte, permanecendo maduro por mais tempo no pé e mantendo-se mais firme durante a colheita. Além disso, é maior e mais saboroso que as espécies comuns cultivadas. Apenas um detalhe foi esquecido: o respeito aos adeptos da dieta totalmente vegetariana.

Aí a questão da ética deve ser amplamente discutida. O incauto consumidor vegetariano pode estar consumindo subprodutos animais "por tabela" sem ter sido avisado sobre isso. Lá vai ele, feliz com sua caixinha de tomates debaixo do braço, comprada na feira de de sua confiança, onde os alimentos – supõe – são mais puros e frescos...

Muitos países vêm discutindo a questão da identificação dos transgênicos para que o consumidor final possa fazer suas escolhas de maneira consciente. Em maio de 98, um Comitê de Rotulagem reunido em Ottawa, Canadá, dedicou um capítulo de seus trabalhos aos transgênicos para a aprovação do chamado Codex Alimentarius – um código de normas relativas à identidade e qualidade dos alimentos. Não houve consenso; via de regra, representantes de países desenvolvidos ou em desenvolvimento defenderam a idéia de que o rótulo "assustaria o consumidor", criando entraves para a comercialização do produto. Por enquanto, a indústria dos OGMs (Organismos Geneticamente Modificados) vem agindo como quem está "de bem com a vida". Um dos grupos multinacionais, o quarto maior produtor de hortaliças do mundo, tem feito investimentos na ordem de 50 milhões de dólares em pesquisas sobre o milho transgênico; as cifras e a ganância parecem ser proporcionais.

Em geral, os produtores afirmam que o rendimento de tais culturas é cerca de 15 a 30% superior ao das produções agrícolas convencionais. Os números são alarmantes: sem propaganda, 33% do milho e 11% do tomate produzidos no mundo já são de espécies transgênicas, bem como mais de 50% da soja americana.

É momento de fazermos escolhas saudáveis e a questão apresentada envolve a vida. Não apenas a minha e a sua, mas a saúde de todo o Planeta. Entidades como o Greenpeace, entre outras organizações não-governamentais, possuem informações sempre atualizadas sobre o assunto. Vale a pena refletir e reconsiderar o que nos é apresentado sob o rótulo de "natural".

Que seja dada à vida a chance merecida de perpetuar, em paz, os seus ciclos. Que tenhamos saúde, força e coragem para agir de maneira sensata e firme evitando, num futuro próximo, que nos deixemos escravizar pelos potenciais controladores das espécies e da fome no mundo. Que saibamos, a exemplo de nossos mais remotos ancestrais, respeitar a Mãe-Natureza!

Brincando de Deuses

Acima da verdade estão os deuses.
A nossa ciência é uma falhada cópia
Da certeza com que eles
Sabem que há o Universo.

Tudo é tudo, e mais alto estão os deuses,
Não pertence à ciência conhecê-los,
Mas adorar devemos
Seus vultos como às flores,

Porque visíveis à nossa alta vista,
São tão reais como reais as flores
E no seu calmo Olimpo
São outra Natureza.

Ricardo Reis (*) (pseudônimo de Fernando Pessoa)

(*) Pessoa, Fernando. *O Guardador de Rebanhos e Outros Poemas*, Cultix/ EDUSP, 1988

GLOBALIZAÇÃO

O Mundo sem Fronteiras

Desembarco no Aeroporto Charles de Gaulle e sou toda alegria. Depois de dois anos inteiros sem desfrutar um longo período de férias, o descanso era mais que merecido. Os preparativos foram a chateação de sempre, embora meu marido tenha funcionado como um excelente agente de viagens. A ele coube a elaboração do roteiro, a pesquisa de preços, o ajuste de horários, a compra de passagens e reserva de hotéis. Eu entrei com a cara, a coragem e a vontade de conhecer alguns recantos do Velho Mundo sem pressa, estando verdadeiramente presente em cada momento, em plena paz, comprometida apenas com o prazer de viver.

Deixei para trás o telefone, infernal nos últimos dias; a agenda, os textos, os clientes. Respirei fundo depois de preencher a mala com o mínimo indispensável a uma mulher (embora sempre carregue peso extra...) Não levei em conta as recomendações de amigos sobre o mal-humor dos franceses, a dificuldade do idioma ou qualquer detalhe que cheirasse remotamente a preocupação. *Allez, Paris*!! Aí vou eu!!

Para minha agradável surpresa, em tempos de globalização, cidadãos com passaporte de Terceiro Mundo já não são discriminados nos balcões fronteiriços. *"Bonjour, monsieur!"* e ele me retribui o sorriso, sem sequer registrar minha chegada em território francês com o grosseiro carimbo datador, que mais parece um cronômetro disparado com avidez para que os dias passem depressa, e os intrusos voltem a seus locais de origem. O visto, permissão prévia de entrada, também não é mais necessário. Depois dessa singela e rápida apresentação, o passaporte descansou em paz no fundo da bolsa por toda a longa viagem.

Um tanto surpresa com a boa receptividade, relembrei uma passagem, ao desembarcar em Toronto, Canadá, cerca de dez anos atrás. Fui colocada numa saleta lotada por dezenas de mexicanos assustados, mão-de-obra barata recrutada por algum cidadão de fala inglesa que procurava acalmá-los e prepará-los para a rápida entrevista de ingresso ao país. Com requintes de distinção, fui chamada antes de todos para a conversinha de praxe, embora fosse das últimas a chegar. Em seguida, fui dispensada, deixando a turba para trás, entre olhares aflitos, aborrecidos, desconfiados.

Pouco tempo atrás, um amigo recomendou-me a tentativa de conseguir um passaporte italiano, embora o processo fosse algo complicado (no meu caso, mais complicado ainda, pois eu teria de me casar com algum descendente que já possuísse o documento...) "Faz grande diferença", observou na ocasião. "É como ser recebido pela porta da frente..."

Hoje as fronteiras parecem ter se alargado; sabendo bater à porta e limpar os pés no capacho da entrada, somos aceitos com naturalidade e cortesia. No Mercosul, a simples carteira de identidade do país de origem já assegura aos vizinhos quem você é. E na Europa, via França, o documento de identificação repousa tranqüilo, como um peso morto a ser carregado. Como preconizava Marshall

McLuhan, guru intelectual da comunicação nos anos 70, atualmente "o mundo é uma aldeia global".

Salvo algumas características peculiares a cada povo – parisienses apressados, de olhar blasé; madrilenhos alvoroçados e lisboetas melancólicos como o próprio fado , "estamos todos muito japoneses", de acordo com a bem-humorada observação de meu marido, numa referência de que somos muito parecidos...

Francesas, portuguesas, espanholas, brasileiras, americanas, as mulheres que desfilam nas passarelas das grandes metrópoles usam camisetas *Benetton*, *jeans Calvin Klein*, tênis Nike, maquiagem *Revlon* e tintura *L'Oreal*. Muita coisa idêntica *Made in Taiwan*, distribuída pelos quatro cantos do mundo. Guardadas as diferenças genéticas (algumas mais esguias, outras mais cheinhas), é quase impossível identificá-las quando colocadas lado a lado.

Igualmente os homens, em seus modelitos *Yves-Saint Laurent*, por detrás de seus óculos *Rayban*, enfeitados com suas gravatas *Hermés* e canetas *Mont Blanc*.

O cinema, a televisão, e mais recentemente, a Internet transmitem a urgência do mundo através de seus canais, ditando moda e impondo costumes, unificando os seres humanos dos quatro cantos do planeta. Em Madrid, pude acompanhar meu seriado favorito da TV a cabo, com o perspicaz Jerry Seinfeld, embora já tivesse assistido a todos os episódios apresentados. Lá também reluziam as loiras peitudas de S.O.S Malibu; mas as fogosas espanholas parecem ser avessas à água oxigenada descolorante, que lhes conferiria um aspecto de lagartixas desbotadas. São adeptas da cultura de resistência (ou da resistência que a verdadeira cultura impõe?) e exibem com altivez e dignidade seus longos cachos negros e profundos olhos castanhos, passando ao largo das lentes de contato azuis, que, por vezes, costumam embaçar o olhar.

Em meio a um intervalo comercial, deparo com três rostos familiares: Roberto Carlos, Rivaldo e Denílson, aproveitando o que lhes restou de fama da Copa do Mundo. Cantando desafinados em portunhol bastante ordinário, com frases e palavras entrecortadas por risinhos tímidos, para minha decepção eles se apresentam como "*los negritos de la* África tropical", distintos representantes de um produto achocolatado, desses que se misturam ao leite. O trio, conhecido como *"Los Colacao"*, fazia enorme sucesso por lá, faturando horrores. Triste é saber que, apesar dos lucros financeiros, os "africanos de meia-tigela" não servem de garotos-propaganda do Brasil, contribuindo para aumentar a ignorância geográfica de boa parte dos cidadãos médios do mundo.

Decerto muitos brasileiros dos rincões mais longínquos do país ignoram a localização da bela Barcelona; mas o garçom catalão, ante a torcida de imensos *hooligans* holandeses, vindos de Amsterdã para um confronto de seu time favorito com o consagrado "Barça", também declarou, admirado: "Estranho! Sempre imaginei que em Amsterdã morassem 'chinos' (numa referência a orientais)!" É mesmo de se estranhar...

À porta de um botequim, bebericando uma "Ginjinha" (espécie de licor português, cuja fórmula é mais secreta que a da Coca-Cola), encontramos com um casal de alemães que arranha um pouco o inglês. Estão desesperados, há dois dias não conseguiam conversar com ninguém. Perguntam de onde somos; ao ouvirem o nome Brasil, supõem que vivemos em... Brasília! Apreciamos o lado bom da coisa, e constatamos, satisfeitos, que nossa capital deixou de ser Buenos Aires.

Aliás, nosso país, em tempos idos, era conhecido mundo afora pela rima Pelé/café. Hoje, o café é colombiano e um só nome se destaca em todo continente europeu: Brasil é sinônimo de Ronaldo, que de corpo e alma estampa outdoors e as primeiras páginas dos principais jornais da Europa, ocupando bom espaço nos noticiários esportivos.

Disputando espaço na mídia com a nossa fera do futebol, a bela das passarelas, Cláudia Schiffer, anuncia para breve sua despedida desse mundo de glamour e fantasia que é o cenário da moda. E também merece vez o escândalo sexual do presidente Bill Clinton, com os europeus roendo os cotovelos para que a primeira-indignada-dama lhe aponte a porta da rua... As fofocas da corte já não nos causam impacto: são discutidas no botequim do bairro moçambicano em Lisboa, no subúrbio do Rio de Janeiro e nas mais longínquas estações do metrô paulistano.

De cidade em cidade, pouca coisa nos surpreendia: nenhuma vestimenta típica, nenhum hábito que pudesse nos causar curiosidade, desconforto ou constrangimento. Somos, de fato, cidadãos do mundo, vivendo nossas rotinas, digerindo informações e comportamentos a qualquer hora, em qualquer lugar.

Todo tipo de produto é bem aceito neste imenso mercado em que se transformou o planeta: de sucessos a deslizes pessoais, de escovas de dentes a asas de avião. No jargão do mais puro e simples "economês", chama-se a isso globalização. Em questão de segundos, um investidor americano pode aplicar seus fundos na Bolsa de Hong Kong transformando sua moeda em valores coreanos através de uma transação virtual. O gás que alimenta as chiquésimas cozinhas francesas sai da Argélia, atravessa Marrocos, passa pelo estreito de Gibraltar e por toda a Península Ibérica antes de chegar aos fogões. E tem um concorrente forte "logo ali" na Sibéria, de olho em qualquer reclamação do consumidor para literalmente ocupar seu espaço, percorrendo o caminho contrário, vindo pelo centro da Europa. A concorrência se avoluma e se acentua; como nos velhos tempos do faroeste, vence quem sacar mais rápido.

A aldeia global concebida por McLuhan só se tornou realidade graças aos avanços tecnológicos facilitadores da comunicação; através deles é possível realizar em poucas horas, minutos ou até mesmo em tempo real, coisas que antes poderiam demorar meses ou anos. A transferência de fundos, o bate-papo com pessoas de todas as partes do mundo e até mesmo uma "excursão" virtual – com direito a guia e acompanhantes – por computador, tudo isso nos permite ter a sensação de participarmos de tudo sem sair da cadeira, acionando a vida através de um teclado, apreciando as experiências por meio de um monitor colorido de 15 polegadas ou mais...

Ouvi no rádio a observação de um jornalista brasileiro sobre o papel da Internet, na atualidade, comparando-a ao boteco de antigamente, onde as pessoas trocavam informações ou simplesmente ficavam quietas, apreciando a vida passar. Para mim, esse bate-papo de quem se coloca plugado no mundo via computador não tem o mesmo charme nem a mesma função terapêutica da conversa de botequim; faltam o calor humano, o toque, a presença, a troca de olhares, perfumes, emoções.

A idéia da globalização é antiga, mas só agora, através dos recursos que proporcionam tal agilidade, pôde ser colocada verdadeiramente em prática. Os romanos, em sua época, já exploravam o ouro por toda a Península Ibérica; os italianos negociavam sedas com o Oriente e Portugal ia às Índias em busca de especiarias, além de comercializar a madeira, minérios e pedras preciosas do Brasil. A diferença fundamental entre o comércio daqueles tempos e as transações atuais é o tempo que demoravam para se realizar.

Baseando-nos em dados históricos, pode vir à tona a idéia associada de colonização ou xenofobia, e o mau uso dessa estratégia globalizante pode resultar nisso mesmo. Na década de 30, as empresas que fabricavam lâmpadas na Áustria, Holanda e Alemanha sucumbiram à concorrência dos japoneses, que as faziam mais baratas; mais tarde, o Japão passou a dominar também a indústria de televisores, obrigando o Reino Unido, responsável pela invenção, a fechar suas montadoras. Há alguns anos, sindicatos norte-americanos se uniram em torno da campanha *"Buy American"* ("Compre o que é americano"), na tentativa de deter o "perigo amarelo", principalmente no que se referia à indústria automobilística. Não obtiveram sucesso, uma vez que os carros japoneses eram mais baratos e duráveis.

A toda-poderosa Europa passou seus maus bocados diante da voracidade dos tigres asiáticos. Hoje ressurge vigorosa e bela através da união, com a força da nova moeda – o euro – e a maturidade de quem aprendeu que o real espírito de cooperação promove o crescimento de todos indistintamente.

A tendência do mercado é abandonar os países de mão-de-obra cara, instalando-se onde ela possa ser mais barata; a iniciativa deveria resultar em justa competitividade, privilegiando a criatividade, a especialização dos técnicos e operários e a melhor utilização de recursos e matéria-prima, resultando em economia e satisfação para todo o planeta. No entanto, mentes embrutecidas e gananciosas vêem neste novo momento histórico a oportunidade de auferir lucros cada vez mais fáceis e maiores, oferecendo o mínimo para obter o máximo.

Esse é um dos perigos da globalização, na opinião de alguns economistas. Mas não é preciso ser "do ramo" para perceber o quanto estamos envolvidos. Certa vez, visitando uma amiga na simpática cidade mineira de Poços de Caldas, ela me chamou a atenção para o fato do trabalho servil relacionando à indústria de confecção de roupas.

Vestindo um belíssimo longo em seda, comentou sobre o preço e sobre as considerações que começou a fazer depois de ter adquirido a peça por uma verdadeira pechincha. "É trabalho escravo", observou. "São centenas e centenas de costureiras entocadas em navios escusos, que operam em alto-mar, fugindo assim da carga tributária deste ou daquele país. Ali confinadas, elas são obrigadas a produzir determinado número de peças por salários irrisórios. Lucramos nós, por poder adquirir uma roupa destas por uma ninharia, mas quem verdadeiramente lucra é o empresário carrasco, que ainda posa de bonzinho ao oferecer esse sub-emprego".

Percebi então que esses pseudo-empresários agem um pouco à maneira dos bandos de gafanhotos, que devoram em segundos uma plantação; a sensação de saciedade dura pouco, e lá vão eles, vorazes, para esgotar outro campo verdinho e produtivo. Atuando dessa maneira, com a liberdade e as facilidades proporcionadas pelo tal "passaporte universal" a que me referi, e pelo mundo sem fronteiras, eles contribuem para aumentar o desemprego em seus países de origem e também para o escoamento de divisas. Põem de lado os valores humanos, preocupando-se apenas com valores numéricos ou monetários. E isso não representa, a meu ver, qualquer tipo de evolução.

É útil estar conectada à Internet e não ter de atravessar a Marginal do Tietê para entregar uma matéria pessoalmente na redação; economizo gasolina, tempo para fazer o que quiser, e contribuo para a melhor qualidade do ar e do trânsito paulistano. É agradável ser recebida sem desconfianças em outras paragens do mundo, estejam estas a dez ou vinte horas daqui. É bom saber que um produto *Made in Brazil* pode ser consumido em outros países, quando o mercado interno estiver recessivo ou esgotado. Mas é péssimo perder de vista o agente principal, começo, meio e fim de todo este processo de mudanças que é o ser humano.

O lado ruim da globalização é quando me sinto escrava de Bill Gates, colocando as mãos à cabeça sempre que um ano se inicia, sabendo que terei de adquirir um *up grade* para poder estar *on line* com o resto do mundo. Sou obrigada a instalar anualmente novos e poderosos programas, cada vez mais rápidos, sob o risco de tudo virar sucata se eu não tomar as urgentes providências.

É triste saber que mais de 500 milhões de habitantes espalhados pelo continente africano produzem menos que os 10 milhões de habitantes da Bélgica. É doloroso constatar que, na Alemanha, o nível de desemprego é dos mais elevados porque a mão-de-obra filipina "importada" custa metade do que se paga ao cidadão do próprio país. São distorções do processo que precisam ser revistas imediatamente para que a conquista do mundo sem fronteiras não se torne um desastre social e humanitário.

Encarado ora como bandido, ora como mocinho, o termo globalização não deve ser tomado como causa ou remédio para todos os males. A reflexão sensata trará a correta utilização de todos os recursos a nosso dispor. O cidadão da Nova Era, dispondo de tantas informações, encontrará o equilíbrio necessário para viver o mundo sem limites nem fronteiras, idealizado, décadas atrás, por um pacifista sonhador chamado John Lennon.

A visão do poeta-profeta John Lennon

Imagine (*)

Imagine que não existe o Paraíso
É fácil, se você tentar
Nenhum inferno sob nós
Sobre nós apenas o céu
Imagine todas as pessoas
Vivendo apenas para o dia de hoje

(*) Lennon, John. *Imagine*, do CD Imagine, EMI. (Livre versão da autora)

Imagine se não houvesse países
Não é difícil, experimente
Nada por que matar ou morrer
Nem mesmo diferenças religiosas
Imagine todas as pessoas
Vivendo suas vidas em paz

Imagine que não haja possessões
Eu sei que você é capaz
Nenhuma ganância nem fome no mundo
Os homens vivendo plena fraternidade
Imagine todas as pessoas
Compartilhando todo o mundo

Você pode dizer que eu sou um sonhador
Mas eu não estou sozinho, não sou o único
Espero que um dia você se junte a nós
E então o mundo será exatamente como nós sonhamos...

Referências Bibliográficas

1 - Zoja, Luigi. *Nascer Não Basta,* Axis Mundi, São Paulo, SP, 1992, p. 15.

2 - Forward, Susan e Frazier, Donna. *Chantagem Emocional, Rocco*, Rio de Janeiro, 1998.

3 - Tulku, Tarthang. *O Caminho da Habilidade*, Cultrix, São Paulo, s/d, p. 53

4 - Idem.

5 - Gyatso, Tenzin. *Bondade, Amor e Compaixão*, Pensamento, São Paulo, s/d, pp. 71-72.

6 - Idem, p. 66

7 - Kubose, Gyomay. *Budismo Essencial*, Axis Mundi/ Budagaya, 1995, p. 59

8 - Dyer, Wayne W. *Seus Pontos Fracos*, Record, Rio de Janeiro, s/d, p. 47

Impresso nas oficinas da
EDITORA PARMA LTDA.
Telefone: (011) 6412-7822
Av. Antonio Bardella, 280
Guarulhos - São Paulo - Brasil
Com filmes fornecidos pelo editor